組織の環境と
組織間関係

【著】小橋 勉 Kobashi Tsutomu

東京 白桃書房 神田

目　次

第Ⅰ部　組織間関係と組織間関係論

第1章　組織行動の理解のための環境理解……………………………3

1-1　はじめに　3

1-2　組織と環境　4

1-2-1　制約としての環境　4

1-2-2　組織との代替物としての環境　5

1-2-3　組織と環境との関わり　7

1-3　組織間関係論の展開　7

1-3-1　資源依存パースペクティブ：個別の他組織との関わり　7

1-3-2　同時期の関連研究　10

1-4　組織－環境関係における組織間関係論の意味　13

1-5　組織間関係という視点からの把握の必要性と課題　15

第2章　組織の環境の理解に向けて：資源依存パースペクティブの検討を通じて………………………………………………17

2-1　はじめに　17

2-2　資源依存パースペクティブの概要　18

2-2-1　理論的背景と初期の系譜　18

2-2-2　資源依存パースペクティブの概要　20

2-3　資源依存パースペクティブの展開　25

2-4　資源依存パースペクティブへの批判　27

2-5　小括　30

i

第Ⅱ部　組織間関係のミクロ的視点

第3章　環境観：相互依存性と不確実性⋯⋯⋯⋯⋯⋯⋯⋯⋯⋯⋯ **35**

3-1　相互依存性と不確実性　35

3-2　相互依存性の二面性：組織間関係の意味　40

3-3　RDP 以降の組織間関係論との関わり　42

　3-3-1　組織間学習　42

　3-3-2　ネットワーク研究　43

3-4　研究間の関係と今後への示唆　44

第4章　不確実性と組織間関係：組織間関係の使い分け⋯⋯⋯⋯⋯ **47**

4-1　組織論・組織間関係論における不確実性　47

4-2　不確実性と組織間関係論：構造選択からプロセスへ　48

4-3　組織間関係に対する不確実性の影響　51

　4-3-1　組織間関係の強化を促進する要因としての不確実性　51

　4-3-2　組織間関係の弱化を促進する要因としての不確実性　52

　4-3-3　対立した見解の解決の方向性　55

4-4　不確実性の多面性と組織間関係　56

　4-4-1　不確実性の発生源と組織間関係：発生源アプローチの可能性と限界
　　　56

　4-4-2　不確実性の性質と組織間関係：安定化と柔軟な対応　58

　4-4-3　環境の不確実性と組織間関係：組織間関係の初期状態と不確実性対応
　　　行動の目的　60

4-5　小括　63

第5章　組織間関係についての意味づけ⋯⋯⋯⋯⋯⋯⋯⋯⋯⋯⋯ **69**

5-1　状況を規定する様々な要因　69

5-2　組織を取り囲む状況：状況を規定する要因間の関係　70

　5-2-1　Weick モデル　71

5-2-2　情報処理の中の不確実性と多義性　73

5-2-3　経時的モデル　74

5-3　3つのモデルの比較検討：マルチパラダイム研究を手がかりとして　76

5-3-1　モデルの分類　76

5-3-2　モデルの比較検討：マルチパラダイムの視点から　77

5-4　包括的視点へ向けて　79

5-4-1　共時的モデルの経時的視点からの解釈　80

5-4-2　あいまい性，多義性，不確実性，相互依存性　81

5-5　行為としての環境操作戦略　82

5-5-1　行為と認知　83

5-5-2　組織間関係のサイクル　84

5-6　組織間関係における意味づけ：NUMMIのケース　85

5-6-1　石油危機から日米経済摩擦と海外進出への機運：あいまい状況へ　85

5-6-2　GMとの交渉における様々な見解：生態学的変化から多義性へ　86

5-6-3　交渉の締結へ：トップダウンによる意思統一という一義化　87

5-6-4　ケースからの含意　88

5-7　小括　89

第Ⅲ部　組織間関係のマクロ的視点

第6章　マクロ的視点としての埋め込みアプローチ……………………97

6-1　はじめに　97

6-2　議論の嚆矢と埋め込み研究　98

6-3　埋め込み研究の現状　99

6-4　埋め込み研究の課題：多様な展開に伴う諸問題　102

6-4-1　変数の多様性　102

6-4-2　脱埋め込みという論点　103

6-5　今後の展望　104

6-6　小括　105

第7章　組織間関係のマクロ的進化：レベルとアプローチの視点から……107

7-1　はじめに　107

7-2　組織間関係の進化に関する分析視角　107

　7-2-1　変数のレベル　108

　7-2-2　進化に対するアプローチ　108

7-3　組織間関係の進化の研究の類型　109

　7-3-1　一方向的アプローチ　109

　7-3-2　双方向的アプローチ　111

7-4　現状と展望　113

　7-4-1　これまでの研究の展開に見られる特徴　113

　7-4-2　展望　113

7-5　小括　114

第8章　ネットワークに見る機会の創出と制約：航空業界のアライアンス……117

8-1　はじめに　117

8-2　航空業界の概要　118

　8-2-1　航空業界：小史と現状　118

　8-2-2　航空業界における3つの経済と規制　119

8-3　航空業界を巡る変化とアライアンス　121

　8-3-1　規制緩和にともなう変化　121

　8-3-2　航空業界のアライアンスの現状　121

8-4　アライアンスの必然性　124

　8-4-1　分析視角　124

　8-4-2　プラットフォームとしてのハブ・アンド・スポークシステム　124

8-4-3　埋め込みの影響　126

　8-5　アライアンスの多様性：戦略論的・組織間関係論的比較　127

　　8-5-1　戦略論的考察　128

　　8-5-2　組織間関係論的考察　131

　8-6　航空業界のアライアンス　133

　8-7　アライアンスにおける機会の創出と制約，そして環境との共進化
　　　134

　　8-7-1　アライアンスにおける機会の創出と制約：埋め込みとの関わり　134

　　8-7-2　アライアンスと環境との共進化　135

終章　組織の環境と組織間関係……………………………………137

終わりに……………………………………………………………143

解題　岸田民樹　147

あとがき　寺澤朝子　151

第Ⅰ部
組織間関係と
組織間関係論

第1章

組織行動の理解のための環境理解

1-1　はじめに

　組織論において，組織自体について考えることは最も中心的な問題である。この点について，岸田（1998）は次のように述べている。「組織とは何か」。これが組織論の出発点であり，最終到達点である。余すところなくこれが理解されれば，組織論はおそらくその役目を終えることになろう。したがって，組織論とは，「組織とは何か」を永遠に問い続けるものである，と[1]。

　ここで，「組織とは何か」を問うことは，「組織ではないものは何か」を問うことでもあるといえよう。個人レベルの議論ではあるが，Laing（1969）は次のような考察を行っている。「われわれは，＜あるひと＞について，偏りのない考察を，彼と他者との関係についての考察なしに行うことはできない（訳書，p. 93）」，と。そして Laing によれば，そこには補完性という概念が存在している。彼は続けてこう述べている。「＜アイデンティティ＞にはすべて，他者が必要である。誰か他者との関係において，また，関係を通して，自己というアイデンティティは現実化されるのである。…（中略）…。補完性という言葉で私があらわそうとしているのは，それによって自己を他者が充足させたり完成させたりするような人間関係の機能のことである。一人の人間は，多種多様な形で，他人を補完しうる。（訳書，p. 94）」

　個人レベルの議論をそのまま組織に当てはめることの妥当性を検討する必要はもちろん存在するが，Laing の述べる「他者」は，先に述べた組織にとっての「組織ではないものは何か」へとつながりうるのであり，自己と他者との関係を考えるという彼の議論は，組織と組織ではないものとを峻別す

第 I 部　組織間関係と組織間関係論

ることにつながる。

　組織研究の嚆矢である Barnard（1938）以来，様々な形で組織に対して分析が行われてきた中で，組織ではないものとして中心的に扱われてきたのが，組織を取り巻く環境である。それは組織に対して制約を与えると同時に機会を与える存在でもある。したがって，組織の環境をどのように捉えるかによって，組織の見え方も大きく異なってくると考えられる。

　このような問題意識に鑑み，本章では第1に，組織論での環境の捉え方について言及する。その上で第2に，その中で組織間関係が組織の環境を理解する際の1つの重要な視点になっていることを指摘する。そして第3に，組織間関係論の様々な議論を振り返った上で，組織間関係論から組織の環境を捉えることの意義を指摘する。

1-2　組織と環境

1-2-1．制約としての環境

　Barnard（1938）は組織の有効性の議論の中で，環境について述べている。そこでは，組織の目的が環境に受け入れられる限りにおいて組織は有効的であり，組織を取り囲む状況から受け入れられないような目的では達成の可能性が低くなる。したがって，組織は取り囲む外部環境の中で目的を達成できない場合には崩壊するが，逆に目的を達成することによって解体する場合も存在する。例えば地震等の災害が発生した場合などには救出，復旧のためにボランティア組織が形成されることがあるが，その努力の結果，街が復旧を遂げて，その目的が一定程度果たされた場合にはその組織は解体する。

　Barnard（1938）の著作において環境が登場する箇所は多くないが，組織の目的と環境との関係は後の研究で精緻化されていくことになる。例えば，Thompson & McEwen（1958）は次のように述べている。即ち目標設定とは本質的には環境と組織との望ましい関係を決定することであり，どちらか一方の変化は目標の変化を促す。組織目標は提供される財・サービスの種類を

決定するが，組織と環境との相互作用が必要な状況では，環境要素を組織内に取り込むことが重要になる。そして継続的支援を勝ち取る場合には，環境に受け入れられうる何かを生産しなければならない，と。つまり，組織は環境との関係を考慮しながら目的を設定しなければならないのであり，それを無視して自由裁量的に目標が設定されるなら，組織の存続は危ぶまれる。

　この流れを受けて，所与の環境下でどのような組織が高業績を達成するかという視点で体系化されたのが，コンティンジェンシーセオリーである。これは，1960年代に現れた，環境と組織が適合すれば業績が良いと主張する研究動向である（岸田，2012）。ここでの環境とは，「組織内の諸個人が意思決定を行う際に，直接考慮に入れるべき物的・社会的諸要因の総体」であり，内部環境，特定の外部環境，そして全体環境に分類できる。これらを踏まえたうえで課業環境の不確実性と組織デザインのあり方について議論が広がった。課業が安定的なときには職能部門制組織が，変動的ならば事業部制組織が，さらに技術変化が速く環境が複雑で動態的ならばタスクフォースやプロジェクトチームの採用を経て，最終的にはマトリックス組織へと至ることが論じられている。

　このように組織の様々な面についての議論が行われているが，いずれも，主として環境から組織への影響を扱っているという特徴があり（岸田，2012），組織に対する制約要因として環境が捉えられている。

1-2-2. 組織との代替物としての環境

　これに対して，Coase（1937）は，組織と市場が代替物であると捉えている。彼によると，経済学者は経済システムを価格メカニズムによって調整されるものと見なし，資源配分の方向は価格メカニズムに直接依存することになると考えているが，企業内の異動は価格メカニズムではなく，内部の命令によって行われている。つまり，企業の外部では，価格変動は生産に影響を与え，生産は市場での交換取引を通じて調整される。企業内では市場取引は削除され，複雑な市場構造の代わりに経営者であり調整者でもある人物が現れ，彼が生産を調整する。

第 I 部　組織間関係と組織間関係論

　Coase によれば，この点で，なぜ両者の選択の問題が生じるのか，あるいはなぜ組織が必要になるのか，ということが重要になってくる。価格メカニズムが代替される主な理由はそれを用いるコストであり，そこには適切な価格を発見するコスト，契約のコストなどが関わってくる。このように，市場では何らかのコストがかかり，経営者が資源配分を行うことによってコストが節約されるが，経営者はより低いコストで職能を遂行しなければならず，もし失敗すれば市場へと回帰する。ここで，組織に関するコストとは，取引を加えていくコスト（例えば調整に必要なコストなど），内部化される取引が増加に伴う最適資源配分に失敗する可能性などであり，これらは「経営規模に対する収益逓減」と呼べる。このような内部化のコストや経営者のミスは，内部化された取引の空間的乖離と，取引の異質性，そして適正価格の変化の可能性に伴って増大する。ただし，空間的乖離などは電信の発達により緩和されるように，経営者の用いる技術の発達は規模の増大をもたらす，という面がある。

　Coase による市場と組織の代替という議論においては，環境自体への論究も行われている。しかし，彼の議論は，不確実性が存在しなければ生産活動を統制する必要はなく，市場取引さえも自動的に行われていくために必要ないが，不確実性が存在する場合は，何をどのように行うかが重要な問題となり，将来の予測の必要性が出てくるといった程度であり，環境の性質の違いによる企業行動の違いなどについて深く議論を展開している訳ではない。

　また，組織と市場については，Simon（1981, 1991）も議論を行っている。Simon（1981）は価格メカニズムの利点として，情報と計算の処理の負担が省けることを挙げている。即ち，Hayek（1945）が述べるように，意思決定を，その決定に関連した情報を最も所有していそうな行為者に引き受けさせることによる利点が存在するのである。この利点と，階層的権限から得られる利点には同一のものがあり，実際の事柄は，それに関しての技能と情報を最も良く備えた組織内の特定のところでまず決められ，その後それを「集合点」に伝達し，そこで特定の問題に関するすべての事実を統合し，その上で最後に1つの決定が下される。他方で Simon（1991）は経済システムの中の行動の大部分が企業内で行われることに言及している。即ち，なぜ全ての

6

第1章　組織行動の理解のための環境理解

人々が市場における個々の契約者ではないのか，そしてメンバーは企業の利益の最大化のためにどのようにモチベートされるのか，という問題が重要となるが，ここで権威，報酬，忠誠心，そして調整といった4つのメカニズムがあるために，組織は優越性を有している。

　分野は大きく異なるが，組織と市場との代替性に着目した研究としてCoase と Simon の議論に触れた。市場で行われていた活動を組織化する，即ち内部化するという現象は現代においても見られる現象である。しかし，彼らの議論においては，組織化が促進される状況について十分な言及が行われている訳ではない。

1-2-3．組織と環境との関わり

　ここまで見てきたように，組織の環境については，組織に対して制約を与える存在として捉える議論と，市場との代替物として捉える議論とが存在する。もちろん Simon は制約として環境を捉える議論も他所で行っており，本研究で扱った市場との代替という議論は逆に少ない。しかし重要なことは，環境観について少なくとも2つの観点が存在するということである。但し，組織と市場を代替的に捉える視点では，環境と組織が及ぼし合う影響については触れられていない。

　次節では組織間関係論の展開について触れるが，それらは本節で述べた2つの観点とつながっている。

1-3　組織間関係論の展開

1-3-1．資源依存パースペクティブ．個別の他組織との関わり

　組織論において組織間関係についての研究が行われるようになったのは1960 年代からである。それは単に組織間関係という事象に注目が集まるようになったことを意味するのではなく，それまでの組織論の議論，そしてそこでの環境理解と関わりを持つ形で議論が行われている。

先に触れたコンティンジェンシーセオリーにおいては，組織を取り巻く環境は広く捉えられている。例えば Duncan（1972）では他組織は組織の環境の一部とされており，その意味で他組織に関する言及も存在するとは言える（表 1 - 1）。しかし，赤岡（1978）は次のような言及を行っている。彼は，環境を不確実性のみで理解するには限界があり，労働組合，消費者団体や地域住民，政府関係機関，他企業，業界団体等の諸組織からの影響を単に課業環境の不確実性からのみとりあげるのでは不十分であって，これらの諸組織がどのような目的を持ち，当該企業組織とどのような相互作用をしているのかについて明らかにする必要性は高いと述べ，この点で組織間関係論の意義が存在することを指摘している。また，ステイクホルダーの議論において，小山（2011）は，Freeman（1984），Key（1999）らの議論を援用しながら

表 1-1：組織の内部環境・外部環境を構成する諸要因と諸成分

内　部　環　境	外　部　環　境
（1）組織の従業員の成分 　A. 教育・技術の背景と訓練 　B. 従来からの技術・管理技能 　C. 組織目標達成のための成員の貢献 　D. 対人関係における行動スタイル 　E. 労働力の利用可能性 （2）組織の職能及びスタッフ単位の成分 　A. 単位の技術特性 　B. 目的達成のための単位の相互依存性 　C. 職能及びスタッフ単位内部でのコンフリクト 　D. 職能及びスタッフ単位間のコンフリクト （3）組織レベルの成分 　A. 組織の目的と目標 　B. 組織目標の達成に向けて，個人及びグループを最大限に統合する統合プロセス 　C. 組織の製品・サービスの性質	（4）顧客の成分 　A. 製品・サービスの配達者 　B. 製品・サービスの利用者 （5）供給者の成分 　A. 新しい原材料の供給者 　B. 設備の供給者　C. 部品供給者 　D. 労働力の供給者 （6）競争者の成分 　A. 供給者に対する競争者 　B. 顧客に対する競争者 （7）社会 - 政治的な成分 　A. 産業に対する政府の規制 　B. 産業とその製品に対する公衆の政治的態度 　C. 労働組合との関係 （8）技術成分 　A. 製品・サービスの生産において，当該及び関連産業での新しい技術への要求に対する適合 　B. 新しい技術進歩の利用による新製品開発・改善

出所：Duncan，1972

第1章　組織行動の理解のための環境理解

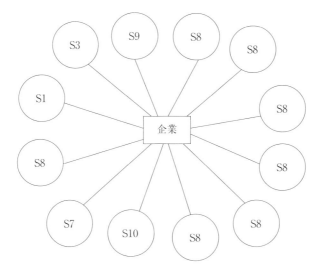

図1-1：理念型としてのステイクホルダーモデル
出所：Freeman, 1984

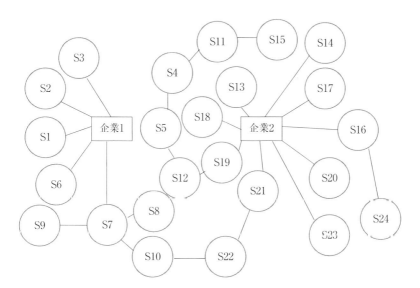

図1-2：現実のステイクホルダー関係
出所：Key, 1999を一部修正

（図1-1，図1-2），概念的なステイクホルダーの図と，現実の企業にとっての個別具体的に捉えたステイクホルダーの図とは異なることを指摘している。

　この論点に最も深く関わるのが，Pfeffer らに代表される資源依存パースペクティブ（Resource Dependence Perspective：以下 RDP とする）である。彼らの議論は次章で詳細に検討するため，ここではその理論的骨子に言及するにとどめるが，他組織から受ける影響と他組織に対して及ぼす影響という双方について，相互依存関係とそれによる不確実性という視点から組織間関係を捉えるべくアプローチしているのが RDP である。そこでは，組織は不確実性を処理したり回避したりしようとする，という考えに基づき，避けられない運命として不確実性を受け入れるのではなくむしろ，組織は安定的で予測可能な環境を創り出そうと試みることが論じられている（Pfeffer & Salancik, 1978; Pfeffer, 1987）。

　このように，組織間関係論においては，組織は環境からどのような影響を受けるのか，そしてその中で組織間関係についてどのような行動をとるのか，といった点にアプローチがなされていることが明らかとなった。このことは，他組織を個々に捉える個別性の視点の重要性を指摘した意義を示していると言えよう。

1-3-2. 同時期の関連研究

　RDP は組織論のテキストあるいは組織間関係における専門書等で中心的なパースペクティブの1つとして位置付けられることが多い（山倉（1993），田尾・桑田（1998），渡辺（2007）など）。他方で，時期を同じくして，組織間関係に関わるような研究領域が生まれてきた。取引コスト経済学，制度理論などがそれである。こういった様々なパースペクティブを説明した研究は多くあるが，それらの並列的な説明が多く，パースペクティブ間の関係を深く扱ったものは多くない。ここではそれらを概観し，RDP との関わりについて多少とも言及したい。

（1）取引コスト経済学

　取引コスト経済学は，Coase（1937）によって行われた議論を Williamson（1975）が発展させ確立したパースペクティブである。取引コスト経済学においては，分析単位は取引であり（Williamson, 1990），市場と組織を取引遂行のための代替的制度と見なし，そして，交換関係を交渉・監視・そして強制するために必要なコストである取引コストに応じて，取引関係や組織形態が決まってくる，と論じられている。したがって，この点で効率性に主眼が置かれており，このことは Williamson（1991b）自身も「効率よく経営を行うことこそ最高の戦略である」と述べていることからも明らかである。さらに，内部化・外部化，組織構造に関して論究しているために，組織の戦略に言及しようという方向性も存在する。取引コストを決定する要因としては，人間の2要因である，限定された合理性と機会主義と，環境の2要因として不確実性と少数性が挙げられている。そしてこの中で，限定された合理性と不確実性が結びつくことで，完全な契約を作成することが困難になり，取引コストが増大する。また，競争主体が多く存在するときには機会主義的行動は抑制されるが，少数性と機会主義が結びつくことによっても，取引コストが増大する。このように，人間と環境の双方の要因が結びつくことによって取引コストは変動する。ただし，取引コスト経済学の議論においては，この4要因の中で少数性以外はあまり変化しない要因であるために，実際には少数性に焦点が絞られていると考えられる。

　こうしたコストは取引を内部化することによって削減しうるものである。内部化に伴って，諸個人の期待を類似させることによって意思決定の際の確実性が増し，不確実性が減少する。また，内部交換の場合には全体（組織）へのコミットの存在，監査の有効性の増大などのために機会主義が抑制されうる。しかし，拡大が進むと，柔軟性の欠如，監視費用の増大，サンクコストに伴う既存プログラムへの固執などの問題が生じてくる。このように内部化に伴うコストも存在し，このコストと市場を介した場合のコストとが比較され，活動の内部化・外部化が決まってくる。さらに Williamson（1991a）は当初の分析枠組みを拡張し，市場と階層のどちらでもない，中間形態（Hybrid）として様々な組織間関係を扱っている。そこでは，資産の特異性，

および（不確実性が具現化したものとしての）攪乱が生じる頻度という点から，市場—中間形態—組織の選択を論じており，そこでは資産の特異性が中程度で，不確実性があまり高くない場合に中間形態が選択されることが論じられている。

このような特徴を持つ取引コスト経済学であるが，Pfeffer（2005）は RDP との違いを以下のように説明している。即ち，組織を理解する上での，合理性や効率性とは対照的なものとしてのパワーというアイデアの重要性も，資源依存モデルが示した組織研究における焦点の変化の方向である，と。但し，両者の議論には類似した面もあると言えよう。例えば少数性，資産の特異性といった概念は代替源の数という概念との間には共通している面がある（陳，2005）。また，パワーと効率性についても，パワーを持つことによって効率化できるという面，効率性を有するためにパワーを持つといった関係も存在しうる。こういった面について論究しながら双方の関係を探っていくことも今後必要となろう。

(2) 制度理論

制度理論は Selznick（1957）を源流とする研究であり，70 年代後半以降さらに展開され新制度学派（New Institutionalism）と呼ばれるようになった。合理的主体としての組織に対して懐疑的であり，手段としての組織の観点にも疑問を投げかけている点では旧制度学派（Old Institutionalism）と共通している（DiMaggio & Powell, 1991）。しかし，組織は生存可能性を高めるために正当性を獲得する，ということが新制度学派では指摘されるようになった。そこでは，正当性を付与するのが他組織であり，そこへの同調を行うことによって正当性が得られるために，組織間関係が視野に入れられていると考えられる。このようなプロセスを通じて同型性（類似性）が社会全体にもたらされる。この意味で新制度学派は社会全体での同型性の進展に着目している。

同型性が進むメカニズムには，3つある（DiMaggio & Powell, 1983）。第1が強制的同型性であり，これは，依存している他組織，社会における文化的期待からの，公式，非公式の圧力から生じる。例えば法体系の存在は，組

織の行動や構造の多くの側面に影響を及ぼし，組織はそれに従わざるを得な
い。第2が模倣的同型性である。技術が理解不足である場合，目標が曖昧で
ある場合，あるいは環境が不確実性を生み出す場合には，組織は他組織をモ
デルとして見なすかもしれない。その場合，組織はより正当性がある，ある
いはより成功していると考えられるような，類似した組織を模倣する。即
ち，環境の不確実性に直面している場合に，他組織をモデルとして見なし，
それを模倣する。そして第3が規範的同型性であり，これは同業組合，専門
家のネットワークなど，専門化と関係があり，それらは，職務状況を定義
し，認知的基盤を与える，という側面を有する。その中で，専門家が正当性
を獲得しようと努力することを通じて，組織の行動に影響が及ぼされる。

Pfeffer（2003）は，制度理論（あるいは時として新制度理論と呼ばれる）
は，社会的環境が組織に対して及ぼす影響を議論の出発点としており，その
点で資源依存モデルと共通していると述べる一方で，次のような違いにも言
及している。資源依存モデルでは取引や交換のパターンが焦点となっている
のに対して，制度理論は，同型化するよう組織に対して圧力を及ぼす，社会
的規則，期待，規範，そして価値観などを強調する傾向にある，と。また，
具体的な組織間関係について言及していないという点でRDPとの違いが存
在している（小橋，2000）。国家，専門家ネットワーク，他組織が正当性付
与の源泉であることは指摘されているが，具体的な組織間関係と制度化との
関連は明確にはされていない。

1-4　組織－環境関係における組織間関係論の意味

このような点から出発した組織間関係研究であるが，本節では，研究の展
開に沿った形で，環境の捉え方について更に検討する。即ち，環境内他組織
という個別性の重要性を指摘した以外に，組織間関係論がどのような視点を
もたらしたかを述べていこう。

第1が，環境決定論の打破である。コンティンジェンシーセオリーにおい
ては，環境は組織に制約を与えるものとして描かれており，逆の因果につい
ての明確な言及はない。ここで再度個人レベルの議論を援用するが，Laing

（1968）は次のように述べている。「一個人を考察する場合にも，各個人は，常に，他者にはたらきかけ，かつはたらきかけられているものだということを，忘れるわけにはいかない。他者たちもまたそこにいるのである。人は誰でも，真空の中で，行動したり経験したりするのでは決してない。われわれが記述し理論づけようとしているところの人とは，彼の＜世界＞における唯一の主体ではないのである。どのように彼が，他者たちを知覚し行動するか，どのように他者たちが，彼を知覚し行動するか，どのように彼が，彼を知覚するものとしての他者たちを知覚するか，どのように他者たちが，彼らを知覚するものとしての彼を知覚するかが，＜その状況＞の全ての側面である。（訳書，p. 93）」と。この意味で，組織においても，他組織に働きかけるということは理論的に導けるものであり，実際に多くの組織は環境適応を図る中で，他組織への働きかけを行っている。

　第2が，組織の境界の曖昧化である。1998年に出版された，*The Blackwell Encyclopedic Dictionary of Organizational Behavior* での「組織の境界[2]」の項目において，次のような説明が行われている。「組織の境界についての伝統的な考え方は，内部者と外部者との間の明確な識別を想定しているが，非常に反応的な組織，顧客への細心の注意，組織間の協調，そして情報共有へと向かっている現代の傾向は，境界の概念を実質的に希薄なものとしている（組織間関係の項目と関連）。コンピュータによるつながりはさらに境界を拡散させる。販売側のコンピュータにもとづいた自動スケジューリングプロダクションによって顧客の購入が行われたり，顧客と販売者が協同で製品デザインに参画したりする場合に，そのことがいえる。そのような調整は企業間を重複したものとなり，曖昧な境界を意味する。戦略的提携，JV，あるいはそれに類似した調整もまた，境界の明確さを失わせ，ルースカップリングという形態を創り出す。」このように，組織間のつながりの多様化と深化は，境界の姿を変え，これまでほどの明確さを失わせてきているといえよう。

　第3に，境界の曖昧さという議論から導ける，少なくとも2つの面の存在である。そもそも境界というものは曖昧であり線引きしにくいものであるということと，参加者の出入りの激しさゆえに境界線が長期的に安定した形で存在しない，という2点である[3]。組織間関係はその両者のいずれにも関

わっているといえよう。即ち，上記の Encyclopedic Dictionary においては，前者の面が強調されており，他方で，現代の組織は同時に多くの他組織との関係を形成したり，それを変化させたりしているという事実は後者に関わってくる。

これらのことは，従来ならば明確に分けられていた自己と他者が，組織間関係という現象において融合しはじめていることを意味している。もちろん，これは環境の再構築の過程での流動性とも捉えることができよう。

1-5　組織間関係という視点からの把握の必要性と課題

組織間関係という現象は新しい現象ではなく，例えば国家や社会の歴史があれば，そこには国家間の合従連衡があった。他方で，組織間関係に関する研究は1960年代から盛んに行われるようになってきたと言われているが，組織間関係という現象，あるいは組織間関係論における様々なパースペクティブが，組織論における重要な概念の1つである環境をどのように捉えているかを論じた研究は多くない。本研究は，そのような試みの一端である。

冒頭に述べたように，組織を取り巻く環境について考えることは，組織自体について考えることでもある。そして，組織間関係論は，環境理解に対して，少なくとも以下の視点を提示してくれている。第1に環境を広く全般的なものと捉えていた議論に対して環境内他組織という個別性の重要性を指摘した点，第2に，環境決定論を打破した点，第3に組織の境界の曖昧性を明らかにした点，そしてそこから派生的に導いた，境界の曖昧さの2側面を浮き彫りにしたという第4の点がそれである。

しかしながらこれまでの議論で組織間関係を通じて捉えた環境とは何なのかを説明できたわけではなく，本章はその意味で序説として一部について触れたに過ぎない。例えば Davis & Powell（1992）は，環境にはいくつかのレベル，即ち組織レベル（焦点組織を起点とした組織−環境間の関係），ネットワークレベル，ポピュレーションレベルがあることを指摘している。また，組織間関係に関する組織の行動に目を向けると，組織間関係を形成・強化する側面と，既存の関係を弱化・解消する側面とが存在する。これらの逆

第Ⅰ部　組織間関係と組織間関係論

方向の行動をどのように組織は使い分けるのか，その際に，環境はどのような影響を及ぼし，組織の行動によってどのように変わるのか。これらの課題を克服することは「組織を取り巻く環境は，組織間関係を通じて捉えるとどのようになるだろうか」という問いへの答えを示すことにつながり，そのことは組織間関係論の理論的意義あるいは存在理由を示すことにつながると言えよう。

註釈

1　これに関連して，金井（1999）は次のように述べている。「大学やシンクタンクの研究者をいじめる最上の方法をご存知でしょうか。その研究領域でいちばん中心的な概念の定義を求めることをお奨めします。……（中略）……当然，組織論の研究者には「組織とは何か」と聞きたくなる」と。述べ方は異なるものの，本質的概念を問うことの重要性を指摘しているといえよう。

2　Jelinek, M.(1998), Organizational Boundary, in Nicholson, N.(ed.), *The Blackwell Encyclopedic Dictionary of Organizational Behavior,* Wiley-Blackwell. を参照。

3　前者に関して，例えば Aldrich（1979）は次のように述べている。組織は人間活動に関しての境界維持システムであり，公式組織の最小の特性はメンバーか非メンバーかという区別である。合理的選択モデルは，メンバーの自律性が制限されており，参入退出に対する組織のコントロールが存在する場合に機能するが，通常はこれらの状況は全てが満たされているわけではない，と。

第2章

組織の環境の理解に向けて：
資源依存パースペクティブの検討を通じて

2-1　はじめに

　組織間関係（あるいは企業間関係）に関わる現象に目を向けると，戦略的提携はもとより，サプライチェーン，企業と NPO との協働，アウトソーシング，企業グループなど，非常に多様な関係が日々形成されている。それに呼応するかのように，組織間関係についての研究も盛んに行われている（若林・勝又，2013）[1]。その分析視角も多岐に渡っており，それらは我々に豊かな知見を与えてくれる[2]。

　このような組織間関係論の源流の 1 つが RDP である[3]。その集大成とされる Pfeffer & Salancik による著作（*The External Control of Organizations*：以下 ECO とする）が出版されたのが 1978 年であり，それ以降現在に至るまでの 40 年にも渡る研究の歴史を網羅的に振り返ることは容易ではない。しかし，本章では同パースペクティブをレビューし，その内容の概観，批判の検討，環境観の明確化，そして近年の研究の展開との関係の提示を行う。Short（2009）によると，レビュー論文とは，理論の強みと弱みを公正に評価する，重要なテーマに触れながら示唆を与える，ある文献や実証結果をみただけでは明確にはなりにくいような論点を示す，といった要件を備えるべきものである。それを踏まえた上で，レビューのためのレビューではなく，RDP における環境理解のあり方を明確にすることにつながるよう本書の議論を進めたい。

第Ⅰ部　組織間関係と組織間関係論

2-2　資源依存パースペクティブの概要

2-2-1. 理論的背景と初期の系譜

　社会科学の理論の生成や発展は，単なる偶然の産物ではなく，その当時の社会背景や組織論の流れを受けることが多く，RDP もまた例外ではない。

　Pfeffer & Salancik は ECO の第 1 章で次のように述べている。「組織と組織を取り巻く環境状況との間には密接な関係がある。…（中略）…組織の環境であるコンテクストは組織の活動と構造を理解するのに重要であるという考えは広く受け入れられている。…（中略）…この立場の明白さにもかかわらず，組織に関する文献の多くはコンテクストの重要性を認識していない。」（Pfeffer & Salancik, 1978, pp. 1-2）と。

　そして同章の後半部では次のような記述を行っている。「組織の環境を，組織に影響を与えるすべての事象を含むものとして捉えることはできるが，そうすることは組織がどのように反応するかを理解するのには有用ではない。」（Pfeffer & Salancik, 1978, p. 12）と。

　これは当時の組織論研究がオープンシステムアプローチに基づくものであり，その一大潮流がコンティンジェンシーセオリーであったことと深く関係している。第 1 章でみたように，赤岡（1978）は，コンティンジェンシーセオリーに見られるような形で環境を不確実性として広く理解するには限界があることを指摘している。即ち，様々な他組織がどのような目的を持ち，当該企業組織とどのような相互作用をしているのかを明らかにする必要性は高いことを指摘している[4]。

　また，環境は組織に対して制約を与える要因でありながらも，他方で，環境に対して働きかけを行う組織の姿に着目した点も RDP の特徴である。

　このように環境観としてオープンシステムアプローチに立脚している点では当時の組織論の流れに合っている。他方で，環境の捉え方についての違いから資源依存パースペクティブが登場したといえよう。即ち，第 1 に組織と環境との関係を環境決定論的視点のみで捉えることへの不十分さとしての側

面であり，第2に環境の個別性・具体性を明らかにするべきという立場である。

　組織の捉え方について深く検討を進めたのは，当時の組織規模の拡大という現実があった。他方で，その際の視点として後に述べるパワーやポリティクスを導入したことについて，Pfeffer（2005）はベトナム戦争やウォーターゲート事件に象徴されるような政治やポリティクスに関する出来事があったと述べている。このように，当時の時代背景や社会状況も資源依存パースペクティブの展開に影響したといえよう。

　このような状況を背景に，1970年前後からRDPに関わる論文が記されるようになった。その多くはPfefferによる単著もしくはPfefferとSalancikによる共著であり，他にもLeblebiciとの共同研究（Pfeffer & Leblebici, 1973; Pfeffer, Salancik & Leblebici, 1976）なども挙げられる。その中でもPfefferを中心としたこの時期の業績は目覚ましく（Pfeffer, 1972a, 1972b, 1972c, 1973; Pfeffer & Salancik, 1974, 1977a, 1977b; Salancik & Pfeffer, 1974, 1977など），これらがECOへと結実した。その際，1つの論文がほぼ1つの章として収録されているという形式ではなく，1つの章に対して様々な論文のアイデアや内容の一部が用いられている。上記の論文について言えば，第1章：Salancik & Pfeffer（1977），第3章：Pfeffer（1972a），Salancik & Pfeffer（1974），第4章：Pfeffer & Salancik（1974, 1977b），第6章：Pfeffer（1972b），Pfeffer & Leblebici（1973），第7章：Pfeffer（1972b, 1973），第8章：Pfeffer（1974），第9章：Pfeffer & Leblebici（1973），Pfeffer & Salancik（1974, 1977a, 1977b），Salancik & Pfeffer（1974, 1977），第10章：Pfeffer & Leblebici（1973），Salancik & Pfeffer（1977）といった対応関係になっており，この点でECOは彼らの業績を体系的にまとめ直したものであり，同書全体の一貫性がより高いものになったと言えよう。

　他方で，Aldrichも同時期にRDPに関する研究を行っており（Mindlin & Aldrich, 1975; Aldrich, 1976），Pfefferとの共著の論文も執筆した（Aldrich & Pfeffer, 1976）が，Aldrichは1979年に *Organizations & Environments* という単著を出版した。この経緯について，Aldrichは2008年に復刊された前掲書のクラシックエディションの冒頭部（Aldrich, 2008）において，次のように

述べている。「1970年代初期の自身の研究は資源依存の概念に基づいていた。Mindlin と 1975 年に記した ASQ の論文では次のように記している。「資源依存パースペクティブの主要原理は，組織は，資源を巡って競い合ったり共有し合ったりする組織群というコンテクストで研究されねばならない」，と。…（中略）…

本書での説明の多くは資源依存の考え方を明示的に用いている。」(p. xix)。

他方で，Aldrich（1979）の主眼は当時の組織研究における様々なパースペクティブの統合にあり，その意味で Pfeffer & Salancik のモデルとは異なっている。また，Aldrich の一連の研究を概観すると，組織内への影響の議論があまり行われておらず，また，二者関係を超えたネットワーク的な視点が意識されているといった点でも相違点がある。もちろんこれは彼の研究の独自性と言えるが，それゆえに，Pfeffer & Salancik の研究が純粋な RDP として位置づけられることが多いと言えよう。

2-2-2. 資源依存パースペクティブの概要

これまでの議論に基づいて，ここでは RDP の集大成と言える Pfeffer & Salancik（1978）による ECO の総説を行い，それが主として組織の環境の捉え方，組織間関係のマネジメント，組織内への影響といった3つの柱から構成されていることを指摘する。

(1) 資源依存パースペクティブの基盤と環境観

Pfeffer（1987）は，自身の研究を振り返り，RDP の基本的な議論を以下の5点にまとめている。第1に，組織を基本的な分析単位としている。第2に，組織は自律的なものではなく，相互依存関係にある他組織からの制約を受けている。完全に自己充足的な組織は存在せず，原材料や部品の供給業者や資金を提供してくれる金融機関など，多くの他組織との関わりの中に組織は存在している。そして（1）資源の重要性，（2）資源に対する自由裁量，（3）代替源の数によって他組織への依存度が決まる。さらに依存に応じて，

第2章　組織の環境の理解に向けて：資源依存パースペクティブの検討を通じて

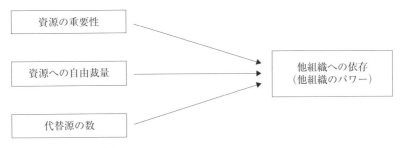

図2-1：他組織への依存
出所：Pfeffer & Salancik, 1978; 山田，2000を基に作成

その相手組織が自組織に対してパワーを持つ（図2-1）。第3に，そのような相互に依存している組織間の関係，即ち相互依存性が，生存と継続的成功とを不確実にする状況をもたらす。第4に，組織は外部（他組織）との相互依存性を処理する活動を採用する。但し，そういった活動は完全な成功をもたらすのではなく，新たな相互依存性を産み出す。さらに第5に，相互依存関係のパターンが組織間のパワー関係と組織内のパワー関係を産み出し，それが組織行動に影響を及ぼす。

以上がPfefferによる概要の説明であるが，資源に関わる問題から生じる依存性の問題（相互依存性）が組織の生存にとって重大であり，また，そのような性質を持つ環境にいかに働きかけていくかも重要であることが指摘されている。先に述べたように，RDPでは，組織間の交換が非対称であるときにパワー関係が生じ，パワーは他方のより依存した組織の行動に影響を及ぼしたり制約したりするのに用いられるとされ，この点でパワーを重視した理論体系であることが分かる。

そしてその中で，環境に対しての働きかけを論じていることから，それまでの組織論における環境決定論への批判を克服する形で，資源交換に基づくパワーという視点に立ちながら議論を展開したといえよう。このことはECOというタイトルに表れている。すなわちthe External Control of OrganizationsというタイトルにおけるOrganizationsの前置詞はfromでもtoでもない。前者であれば環境決定論のみに，後者であれば主体的適応のみに焦点を当てるイメージになるが，ofを用いることによって，それらを包含

21

第Ⅰ部　組織間関係と組織間関係論

する枠組みであることを示していると考えられる。

(2) 相互依存性の問題への対処方法

　他組織との関係，即ち組織間の相互依存性に伴う問題への対処には４つの方法が存在する。第１が外部に対する追従であり，環境が突きつける要求を受容することである。しかし，追従は自由裁量の完全な喪失を意味する場合があり，また，組織が対立する要求に直面するとき，追従は後に他の要求に適応する際の重大な制約となる。競合する様々な要求のどれに注意を払うかを選択するか，あるいはコンフリクトや要求をある程度避けることを考えなければならない。

　第２が自律化戦略であり，他組織への依存の問題を低減させる方法である。具体的には合併や垂直統合，部品の内製化，多角化などが挙げられる。組織の活動の中で，他組織からの資源（部品等）が重要であるときに，その資源を提供する他組織との合併や内製によって，その交換にまで組織のコントロールを拡大することができる。また，これまでとは異なる新たな事業へと参入することによって，既存の取引関係の重要性が低くなり，依存性が低下する。このように，依存関係をコントロールするためのもっとも直接的な方法は依存の源泉をコントロールすることである。但し，自律化戦略を通じて依存に対するコントロールを達成する状況に必ずしもいるわけではない。

　このような場合には，協調戦略と呼ばれる，個々の組織の利害を調整するための第３のメカニズムが用いられる。具体的には役員受入，取引協会，カルテル，ジョイントベンチャー（JV），契約などである。例えば，金融機関の主要なメンバーを自組織の取締役会に加えることによって，その金融機関との関係が良好となり，資金調達に関する不確実性が低下する。また，取引関係がある組織間で長期の契約を形成することによって，関係が安定化し，不確実性が低下する。また，調整は所有よりも柔軟であるという特徴も有する。このようなメリットがあるものの，組織に対する外部の影響力は増加し，たとえ環境の確実性は増しても組織の自由裁量は制約される。

　第４が政治戦略である。当事者間で問題が解決できない場合など，これまで述べてきた戦略を採用できない場合に，組織は法的な規制の変更を求めて

政治活動への関与を行ったり，正当性の獲得を目指したりする。組織は政治的，法的，社会的環境に制約されているが，他方で法律，正当性，政治的結果は，自己の利害のために環境を修正しようとする組織の活動を反映している。この説明は，組織が適応する所与のものとしての環境というよりむしろ，環境を環境適応と環境変化の両方を伴うプロセスの結果であると考えるのが現実的という Pfeffer らの考えを反映している。

　これまでみてきたように，他組織との資源の依存関係から生じる相互依存性が，組織の存続を不確実にする場合に，組織はこれらの様々な手段を用いて対処しようとする。その結果，組織間関係が形成された場合には組織の自律性は多少とも低下する。そのことは組織が自身の活動に対して他者の影響力を受けることを意味するため，組織はそこから逃れたいと考える。即ち自律性を求めるものである。この意味で，組織は自律性と資源確保とのジレンマの中にあり，その中でどのような組織間関係を形成するのかを決定する。

(3) 組織間関係の組織内部への影響

　他組織との相互依存性は組織間関係の生成を促すだけではなく，組織内部に影響を及ぼすという特徴を持つ。Pfeffer & Salancik（1978）は，その要点として以下の3点を述べている。第1に，環境が組織内のパワーとコントロールの分布に影響を及ぼす。第2に，パワーとコントロールの分布は組織のトップの選択と継承に影響を及ぼす。第3に，組織の政策と構造は，パワーとコントロールの分布によって影響される意思決定の結果であり，したがって組織活動をコントロールするトップは，活動に影響を与え，結果として生じる構造にも影響を与える。これを示したものが図2-2である。以下，それらを順にみていこう。

　第1段階の組織内のパワーとコントロールに対する環境の影響の単純な例として，組織が多くの訴訟に直面し法律に関する問題を抱えたとき，法務部門が組織内でパワーを獲得し，組織の意思決定に影響を及ぼすことが挙げられる。ここでは，組織にとって環境内の最重要問題にもっともうまく対処できる部門が組織内でパワーを獲得することが論じられている。パワーを獲得した結果，先に挙げた法務部門の場合，法務という職能を超えて，製品開

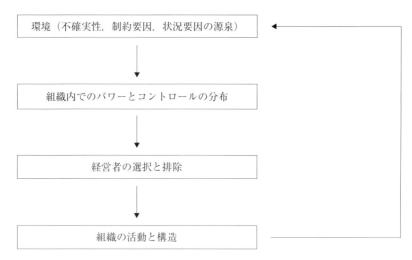

図 2-2：組織変革のモデル
出所：Pfeffer & Salancik, 1978

発,広告,生産といった,他の職能に関する意思決定にも関与を深める可能性が生じる。

　第2段階は,組織内のパワー分布の1つの結果として,主要な経営トップの選択・継承に影響を及ぼすことを示している。パワーは意思決定に影響力を及ぼすことを可能とするために,必然的にトップの人選にも影響を及ぼす。かつては企業の経営陣が生産の問題に対処できた製造部門長からの昇進が多かったが,生産が機械化されるにつれて問題が製品の販売へと移行し,マーケティング部門長からの昇進が支配的になった,という傾向があったのは好例といえる。また,確実な状況下では,意思決定者は自分たちに似ている人々を好む傾向があることも指摘されている。

　第3段階は,トップが組織の構造や活動を方向づけるというものである。例えば財務出身の経営者であれば,精巧な在庫管理システムや会計システムを確立するための先進的なシステムへの設備投資をより積極的に行うであろう。

　また,このような影響があるならば,組織間での兼任重役によって,環境そのものも影響を受けうるといえる。即ち,兼任重役によって,組織間の調

整が促進される可能性が存在するためである。例えば競争業者間での兼任重役は，組織間調整の必要性への戦略的対応，即ち，組織間での調整を促進する情報交換と捉えられる。

これまで RDP の内容を概観してきた。RDP は組織間関係に関する議論という印象を強く持たれる場合もあるが，当該組織と直接影響関係を有する他組織との関わりに働きかけるだけでなく，政治的対応，役員継承，兼任重役といった，様々な論点に関して実証を行っており，その意味で，RDP のカバーしている領域が非常に広いことが分かる。

2-3 資源依存パースペクティブの展開

これまで見てきたように，Pfeffer & Salancik による研究は，様々な組織間関係に言及している上に，組織内部にまで及ぶ広範な事象まで論じており，後の研究に大きな影響を与えている。日本においては，1979 年から 1981 年にかけて詳細な理論的検討が行われている（佐々木（1979），佐藤（1980），須貝（1980），根本（1980），桜沢（1981），佐々木ら（1981））。これ以降も山倉（1981, 1993），吉田（1987, 1988），佐々木（1990）などによる理論的検討が続き，近年では陳（2004），中村ら（2010）などによる展開がある。他方で欧米の研究に目を向けると，近年でも資源依存パースペクティブに立脚した実証研究は少なくない。Davis & Cobb（2009）は，2008 年の時点で，ECO（*the External Control of Organizations*）が過去 30 年間で 3334 回引用されたことを明らかにしている（図 3）[5]。これに関して，ECO に続く直接の実証研究も存在するものの，RDP はメタファーとして用いられることも増えたと，Pfeffer（2005）は述べている。しかし他方で，先に述べた RDP のカバーする論点の広さと関わっている面も存在するといえよう。

そして，引用回数の増加という定量的な展開だりではなく，分野の拡がりという定性的な展開も特徴であると述べている。以下では，ECO の出版後，RDP がどのように展開されたかを明らかにする。

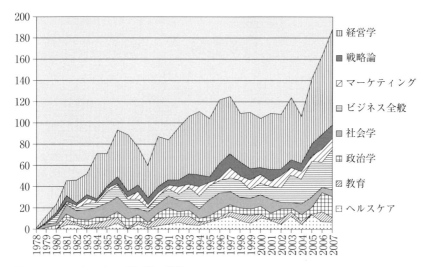

図 2-3：ECO（1978）の引用数の推移
出所：Davis & Cobb, 2009

(1) 直接的発展

既にみてきたように，RDP の研究は様々な領域に及んでおり，その後の展開も同様である。例えば Pennings et al.（1984）は，組織間の依存関係が垂直統合に影響するという仮説に基づき，顧客への依存が前方統合を促進することを示した。また，Mizruchi & Stearns（1988, 1994）は，財務上の資源の必要性が金融機関からの社外重役の招聘につながることを示している。同様に Lester et al.（2008）は，企業の社外重役に就く前政府高官についての調査を行い，彼らの持つ人的資本（human capital），社会資本（social capital）が重要な要因であることを指摘した。そして，Finkelstein（1997）は，最近のデータを用いることによって，業界による相違はあるものの，RDP の結果が追認されたことを示した。また，組織内については，Pfeffer & Davis-Blake（1987）が賃金構造に資源依存の影響があることを示している。

(2) アイデアの拡がり

上記のような直接的発展に加えて，RDP は近接領域への影響も有してい

第2章　組織の環境の理解に向けて：資源依存パースペクティブの検討を通じて

る。図2-3がそのことを示しているが，具体的には Pfeffer（2003）による，Christensen による 破 壊 的 技 術 の 研 究（例 え ば Christensen, 1997; Christensen & Bower, 1996）への言及を挙げることができる。即ち，新しい破壊的技術は既存の優良企業に知られていたのであり，時には優良企業内で開発されていたにもかかわらず，新技術が既存企業によって採用されなかった理由については，資源依存を考えることから導ける。即ち「戦略変化に関する企業の視野は，企業の生存に必要な資源を与えてくれる，外部の主体（本研究では消費者）の利害によって強く制約されている」（Christensen & Bower, 1996）。言い換えれば，企業は顧客と投資家に資源を依存しており，顧客と投資家を満足させる投資パターンを持たない企業は生き残れないという議論が行われている。

　RDP では，依存関係が組織内のパワー分布に影響することなどは論じられていたものの，組織内でのイノベーションに関わる資源配分については論じられていなかった。この意味で，RDP におけるアイデアがイノベーションのジレンマという異なる研究領域につながっている点は興味深い。

2-4　資源依存パースペクティブへの批判

　これまでの説明で RDP についての一定の理解は得られたが，本節では更に深い理解を得るべく，まず RDP に対して行われた批判について検討する。ある研究に対して批判が多く寄せられるということは，注目を集めたことの裏返しでもあるが，RDP もやはり多くの批判を受けてきた。その上で，批判を通じて浮き彫りになった RDP の環境観の検討を行う。これらの検討を通じて，RDP の本質の理解に迫りたい。

　ここでは第1に，生存に関わる捉え方について論究する。Ulrich & Barney（1984）は，RDP における資源獲得の議論に着目している。即ち，資源獲得は生存に間接的には関係しているが，それだけで生存が決定づけられるわけではなく，戦略，構造といった要因も関わっているとして批判を行っている。Barney は戦略論を中心的な研究領域としており，その点からの批判ともいえよう。これに関して Daft（2001）は，顧客ニーズとのつながりを漠

27

然としか考えていないとして同パースペクティブを批判している。即ち，経営資源の獲得が重要となるのは，その資源や能力が環境ニーズに応えられるように活用された場合のみであるとしている。Donaldson（1995）も類似の視点から次のような批判を行っている。RDP は組織をポリティカルシステムとして分析し，既存の組織論研究を合理的な手段としての組織の捉え方であるとして，本来ならば合理的に説明すべきところ，それをせずにリジェクトしている。そして Pfeffer & Salancik はポリティカルな側面に絞りすぎていて，生産システムであり経済実態である側面を見逃している。これらの双方の側面は矛盾したものではない，と。言い換えれば，効率性に基づいた行動も存在することを Donaldson は指摘している。この批判が行われている彼の著書のタイトル *American Anti-management Theories of Organization* であり，このことからも経営学的視点から利益や効率性を導入する必要性を彼が感じていたことが分かる。また岸田（1985）は，合併や垂直統合といった戦略的工作は役員の導入や合弁などよりコストが高く，対処すべき依存性や不確実性の増大の程度に応じて順次採用される，と述べている。このような効率性の問題に関して，Pfeffer & Salancik は，依存性対処の戦略として合併・垂直統合・多角化を第1に挙げているが，これは依存性を完全に吸収できるという点で有効性が高いためである。これがコストの面などで不可能な場合に，代替案として JV や，兼任重役などが採用されるとしている。このように，組織間関係を捉える際に，まず有効性が，続いて効率性が考慮されていることが分かる。

　この点については，2つの論点が含まれているといえよう。1つめが様々な組織間関係の使い分けである。Nienhüser（2008）が述べるように，合併，JV，兼任重役といった方策の使い分けについて，十分な議論が行われているとは言い難く，この点については RDP の議論の精緻化の余地があるといえよう。この論点は組織間関係についてのコンティンジェンシーセオリーとも言えよう。そして2つめが，利益や業績といった視点で捉えるか，生存（存続）という視点で捉えるか，という問題である。コンティンジェンシーセオリーでは業績という視点が用いられることが多かったが，個体群生態学においては生存が用いられている。現実の動向をみても，ある時点で非常に

成長著しい企業が注目されることがある一方で，派手さはないものの長寿企業といった企業の永続性が称賛されることもある。この意味で，この論点はRDPに伴う問題というよりは，組織論，あるいは経営学として検討すべき課題であるといえよう。

第2が二者関係とネットワークの違いである。RDPは，二者関係としての組織間関係に基づいて分析を行っており，それに対する批判も存在している。安田（1996）は，Pfeffer & Salancikの議論が市場の資源環境についての包括的な理論を持っていないという欠点を有しており，これがネットワーク研究の必要性につながると論じている。また，Gulati（1995）も次のように批判を行っている。RDPは新たなつながりの創出を導く重要な要因に着目しているが，それらのつながりは社会的真空の中で形成されることを想定している。しかし現実には多くの組織からなるネットワークの中に組織は埋め込まれているのであり，そのネットワークは組織間関係の諸側面に影響するのである。

第3が学習の視点の欠如である。吉田（1991）や山倉（1993）は，RDPにおいては革新に関する説明が行われておらず，それを論じるためには組織間関係と学習や知識連鎖との関係を明らかにする必要があると述べており，同様に，大滝（1991）も資源交換は学習を内包していることを指摘し，学習面への着目の必要性を論じている。

第4が相互依存性の捉え方である。Casciaro & Piskorski（2005）は，パワーバランスと共同依存という概念を識別している。また，Gulati & Sytch（2007）も同様に，相互依存性を2つの視点からとらえている。第1が非対称依存であり，二者間の交換関係における相互の依存性の違いである。これはPfeffer & Salancikで主に扱われていた相互依存性と符合する。第2が共同依存であり，両者の依存性の合計である。これらの分類に基づき，Pfefferらの議論が不十分なことを指摘している。

以上，RDPに対する様々な批判についてみてきた[6]。RDPの範囲を超えた課題も存在するが，固有の問題点があるのも事実である。上記の中でも，相互依存性は同パースペクティブの中核概念であり，環境をどのように捉えるかに関わるものであるため，この批判を検討していくことによって，RDP

第Ⅰ部　組織間関係と組織間関係論

の環境観を捉え，その本質を明らかにすることができると考えられる。したがって，以下では後者の問題の中でも特に上記の第4の点に焦点を絞って議論を進めていく。

2-5　小括

　RDP は，そのカバーする論点が広く，実証研究も多く行われ，広く受け入れられてきた。しかし，組織間関係論におけるその後の研究展開を見ると，同パースペクティブで組織間関係に関わる現象全てを説明できるわけではないこともまた明らかとなった（Hillman et al., 2009）。

　但し，このことは組織間関係という現象の複雑さが明らかになってきたことを意味しており，同パースペクティブがその意義を失ったということではない。

　また，こういった方向性は，組織間関係論と組織論との関わりにも広がりうる。上述の Hillman et al.（2009）は，RDP とコンティンジェンシーセオリーとの関係を捉える必要性があることを指摘している。組織は一方で組織内での様々な努力を行い，他方で組織間関係を形成しているが，これらの間にどのような関係があるのかは必ずしも明確ではない。もちろん Pfeffer & Salancik 自身も一定程度触れており，更には Thompson（1967）も若干の記述を行っているものの，こういった課題は必ずしも容易に克服できるものではない。しかしながら，それを目指しながら研究が進めば，組織間関係論および組織論の今後の展開が，より健全なものになるであろう。

　こういった議論に関わるのが環境観である。RDP は環境をどのようなものとして捉えているのか。RDP における鍵概念として相互依存性が指摘されることが多いが，それを通じて捉えるものは何か。そして本章での批判の第4の点について，どのように考えればよいのか。そして RDP は他の理論とどのように関わっているのか。これが次章で取り組むべき課題となる。

第 2 章　組織の環境の理解に向けて：資源依存パースペクティブの検討を通じて

註釈

1　例えば，論文検索システムである CiNii を利用すると，「組織間関係」あるいは「企業間関係」というタイトルが付いた論文が約 400 篇あり，その殆どが 1970 年代以降であることが分かる。

2　最近の文献を挙げれば，Beamish & Lupton（2009）が JV について，そして Child et al.（2005）は組織間関係広範に渡っての総説を行っており，これらの中で様々な理論が説明されている。他方で，Parkhe（1993）のような，様々な研究蓄積が，一貫した形で発展していないという批判にもつながっている。

3　資源依存理論，資源依存モデル等，様々な呼称が存在するが，本書では原著のサブタイトルに則って，資源依存パースペクティブとする。

4　同様の記述を，李（2002），三浦（2007）なども行っている。他方で三浦は，Barnard（1938）から Simon（1976）に至る組織均衡論の議論が RDP における参加者との間での資源依存という考えにつながっていることを指摘している。

5　但し，ここには批判的引用，形式的引用等，RDP を発展させるための引用とは異なるものも当然含まれる。

6　これら以外にも，そもそもパワーや重要な資源がどのように決まるのかが不明確であるという批判が存在する（Nienhüser, 2008; 山中, 2004a, 2012 など）。Pfeffer & Salancik は意味づけに関する議論は行っているものの，環境についての検討が中心であり，また意味づけを深く追求せずにその後の分析を進めている。

第Ⅱ部
組織間関係の
ミクロ的視点

第3章

環境観：相互依存性と不確実性

　前章で論じたように，また，様々な研究でも指摘されているように，RDP（資源依存パースペクティブ）における中核概念として相互依存性という概念が存在する。資源としての環境にRDPが着目していると論じられる所以である。他方で，RDPの議論においては，それまでの組織論での中核概念であった不確実性という概念も同時に用いられていることが多い。

　環境観としての資源と情報について，RDPにおいてはどのような関係づけが行われているのであろうか。このような問題意識に基づいて，以下ではRDPの議論を辿りながら，資源という視点と情報という2つの捉え方についての関係を明確にする。

3-1　相互依存性と不確実性

　相互依存性および不確実性は環境を捉える際の鍵概念であり，組織行動に対する研究の多くはこれらの概念を用いてきた。Aldrich & Mindlin（1978）によると，不確実性は情報パースペクティブに基づくものであり，ここでは環境は情報の源泉であると考えられる。その情報が組織構造あるいは組織プロセスなどを維持・修正するための1つの基盤として用いられる。他方，相互依存性は資源パースペクティブに基づくものであり，そこでは環境は稀少資源の源泉であり，その稀少資源を求めて競争する組織群が存在することが想定されている。

　これまでの組織研究は，主に不確実性あるいは相互依存性のどちらか一方に主たる焦点を当てて，それぞれが組織に対して及ぼす影響を分析するもの

が多かった（Aldrich & Mindlin, 1978）。しかし，これらの概念は必ずしも相互に独立した問題ではなく，両者の関係に注意を払うことが重要である（Galaskiewicz, 1985）。両者の関係を示した研究は少ないが，以下ではこの問題を明らかにしよう。

Aldrich & Mindlin（1978）および Aldrich（1979）によると，不確実性と相互依存性の間には，どちらか一方が存在しているときに他方が強く感じられる，という関係が存在する。それを示したのが表3-1である。即ち，セル1では依存性も不確実性も小さいために環境からの制約は殆ど受けない。また，組織が環境に依存していない場合には，不確実な状況は大きな問題にはならず（セル2），状況が確実な場合には予測を行うことが可能であるために，組織が環境に依存しているかどうかは大きな問題にはならない（セル3）。そして双方が存在している場合には，環境からの制約がもっとも大きい（セル4）。彼らの議論では，不確実性と相互依存性との間の共時的な関係には焦点が当てられているが，両者の間の経時的関係，あるいは因果関係には焦点が当てられていない。

因果関係に関しては，資源依存モデルの見地から，相互依存性が不確実性の源泉となっていることが指摘されている。例えば，Ulrich & Barney（1984）は，不確実性には他組織からの資源獲得の流動性や複雑性を意味する側面があると論じており，山倉（1993）も同様に相互依存性の変化が環境

表3-1：依存と不確実性の関係

他組織への依存

		低	高
不確実性	低	セル1：環境の制約からの自由が最大 （例：少数の供給業者と取引している巨大製造企業）	セル3：環境の制約からの自由が中程度 （例：独占供給業者との長期契約を結んでいる企業）
	高	セル2：環境の制約からの自由が中程度 （例：多数の小規模供給業者と取引している製造企業）	セル4：環境の制約からの自由が最小 （例：1973年のOPECによる石油高騰の際の石油精製企業）

出所：Aldrich, 1979

の変化を促し，不確実性の増加，組織の存続に対する危険性をもたらすことを指摘している。さらに吉田（1988）は次のような指摘を行っている。①利益配分における不均等性の存在，②より有利な交換相手の出現，③他の交換相手から受ける影響，④資源の必要性の変化，という4要因から，交換関係における不確実性が発生する。これらの要因は主に他組織の行動が不確実性という形で組織に影響を及ぼすことを示している。

このように，相互依存性が不確実性の一源泉となっていることは明らかであるが，そのことを，環境特性と関連づけたモデルによって示しているのが，Pfeffer & Salancik（1978）である（図3-1）。彼らによれば，資源の集中度，資源の豊富さ，相互連結という環境要因によって相互依存性およびコンフリクトが決まり，その結果不確実性が決まる。このように，このモデルでは相互依存性と不確実性において，相互依存性が高まることによって不確実性も高まるという関係が示されている。

しかし他方で，彼らは次のような説明も行っている。即ち，集中度の増大とともに，組織間相互に及ぼす影響が大きくなり，したがって不確実性が高くなる[1]が，集中度が高くなり組織数がある程度まで少なくなると，暗黙の調整などによって相互の活動を調整することが可能となり不確実性を抑えることができるために不確実性が減少する。これに対して産業の集中度が中程度の場合には，お互いに影響を及ぼし合うのに十分大規模な主体が存在する

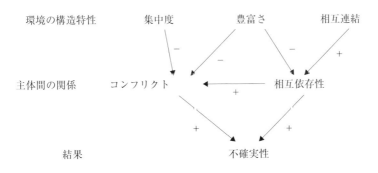

図3-1：環境の次元間の関係
出所：Pfeffer & Salancik, 1978

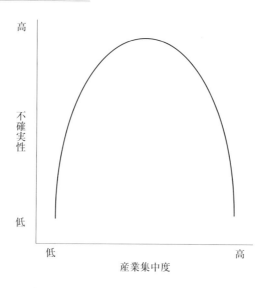

図3-2：産業集中度と不確実性の関係
出所：桜沢，1981

が，調整するには数が多すぎるために，不確実性が最大となる。このようにして，全体として上に凸となる逆U字型の図（図3-2）が形成される。この逆U字型の図は不確実性が相互依存性に応じて高まることを示している図3-1からは導き出せず，この点で彼らの議論には問題が存在することとなる。

このように，一方では一方の上昇が他方の上昇につながると論じ，他方では上に凸の関係になると論じるような矛盾が存在するのはなぜか。図3-1では不確実性の源泉としての相互依存性に焦点が当てられており，図3-2では，それに加えて組織間関係を調整して，直面する不確実性に対処するという性質が問題にされている。

図3-1では，相互依存性が高くなると，組織間で相互に及ぼしあう影響が大きくなり資源の確保が困難になるので不確実性も高くなる。また，Bresser & Harl（1986）が指摘するような逆機能が存在する。第1に，協調的関係の形成によって，戦略の柔軟性が減少する。第2に，他組織との関係を強めることで環境からの圧力が伝達される経路がそれだけ増幅される。第3

に，固定的価格やイノベーションの停滞に伴う競争圧力の低下が生じうるために，結果として，新規参入を促進させることがある。このように，相互依存性を高めた場合には，それが不確実性に対処するものであったとしても，相互依存性の増大自体が不確実性の源泉となりうることがある。

　以上が，相互依存性が不確実性をもたらすメカニズムであるが，図3－2においても図3－1同様に，最初は集中度が高くなるにつれて不確実性も増大する。しかし，不確実性がある一定以上になると，組織はその不確実性を削減するために，何らかの組織間調整メカニズムに訴える。この調整メカニズムによって，組織は資源の確保を確実にして，不確実性を減少させようとする。こうして図3－2では最初は相互依存性の増大に伴って不確実性が増大するが，この増大した不確実性に対処するために，組織間の調整メカニズムを通じて新たな相互依存性を確立して，この不確実性を減少させるのである。

　ここから，相互依存性には2つの性質があることがわかる。第1が不確実性の源泉としての相互依存性である。すなわち，組織は必要な資源を他組織に依存しなければならないが，その程度が大きいほど資源の入手は困難になる。その結果，組織は一方で自律性への欲求を持つが，他方で確実性を求める（不確実性を避ける）ために，多少の自律性は犠牲にして，自分に有利なように何らかの相互依存関係を組織間で形成しようとする（Thompson & McEwen, 1958; Pfeffer & Salancik, 1978）。ここに，不確実性に対処するための操作対象としての相互依存性という第2の性質の相互依存性が生じる。これが，組織間の調整メカニズムである。

　以上，不確実性と相互依存性の関係を見てきた。議論を整理すると，次のようなかたちで，不確実性と相互依存性の関係が，組織間調整メカニズムを媒介としたサイクルとして続くことが明らかになる（図3－3）。まず，ある時点を所与とすると，その時点での相互依存性に応じて，課業環境の不確実性がある程度線形的に決まってくるために，相互依存性が高い場合には，不確実性も高くなる。これが不確実性の源泉という相互依存性の第1の側面である。次に不確実性がある一定以上に増大すると，何らかの形で不確実性に対処する必要性が高まる。その際に，自律的戦略を用いる場合には相互依存

第Ⅱ部　組織間関係のミクロ的視点

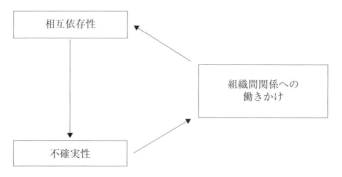

図3-3：組織間関係を通じた相互依存性と不確実性のサイクル
出所：筆者作成

性には手を加えず，直接不確実性を減らそうとする。組織間調整メカニズムに働きかける場合には，相互依存性が増し，その結果形成された組織間関係によって，不確実性が減少する。これが操作対象という相互依存性の第2の側面である。但し，相互依存性を増した場合には，逆機能的な性質による不確実性の増大の可能性が存在する。このように，組織間関係への働きかけを媒介として，不確実性と相互依存性とが一連のサイクルで結びつけられる。

　上記のように，RDPでは相互依存性は不確実性の源泉として捉えられており，組織は相互依存性に働きかけることによって不確実性を下げようとする。

3-2　相互依存性の二面性：組織間関係の意味

　これに対して，前章で論及したGulati & Sytch（2007）は新しい知見をもたらしている。非対称依存と共同依存という二面性である。彼らの議論について，もう少し深く見てみよう。

　ここで，ある同程度の規模の組織A，Bを仮定し，依存度を高－中－低と分類し，それぞれに3－2－1というスコアをつけよう。そうすると3×3で9のセルが成立する（表3-2）。そして，非対称依存の視点では相互の依存度の違いが問題となるが，他方で共同依存の場合には依存度の合計が重視される。その結果，例えば右上，中央，左下といったパワー非対称性が存在し

40

第3章　環境観：相互依存性と不確実性

表3-2：パワーバランスと共同依存

		組織 A の組織 B への依存		
		低（1）	中（2）	高（3）
組織 B の組織 A への依存	高（3）	パワー非対称：2 共同依存：4	パワー非対称：1 共同依存：5	パワー非対称：0 共同依存：6
	中（2）	パワー非対称：1 共同依存：3	パワー非対称：0 共同依存：4	パワー非対称：1 共同依存：5
	低（1）	パワー非対称：0 共同依存：2	パワー非対称：1 共同依存：3	パワー非対称：2 共同依存：4

出所：Casciaro & Piskorski, 2005 を修正

ない場合でも，共同依存の値には違いが生じる場合がある。

　このように，非対称依存と共同依存という考え方は，相互依存性の捉え方において大きく異なることが分かる。そしてその違いは単なる量の問題ではなく，質的にも大きく異なるのである。即ち，非対称依存の議論ではパワーの論理が中心となり，依存性の「差」が重視されるが，他方で共同依存の議論では依存性の「和」が重視され，そこではいかに協力関係が構築されるかという議論につながってくる。即ち，共同で抱えるものがどれだけあるか，そしてその価値をどのように高めていくか，という議論につながるのである。

　Pfeffer & Salancik（1978）においても，相互依存性について多面的に捉えるという議論は存在している。「参加者が競争的であるか共生的であるかによって結果の相互依存性の種類をさらに区別することができる。競争的な関係の場合，一方によって達成される結果は他者によって達成される結果がより低い場合に相手よりも高くなる。ゲームの理論を用いれば，これは合計が一定となるゼロサムゲームである。共生的相互依存性の状況においては，ある主体のアウトプットは他者へのインプットになる。両者が同時によい状況になったり悪い状況になったりしうる。…（中略）…相互依存性はかならずしも対称的でバランスがとれたものであるとは限らない。さらに，2つの社会的主体の間で存在する相互依存性は，競争的なものかあるいは共生的なもののどちらかを必要とするのではない」という議論は上述の非対称依存と共

41

第Ⅱ部　組織間関係のミクロ的視点

同依存という議論と類似性を有するが，Pfeffer & Salancik の議論ではこれ以上深く触れられていない。

　ここまでの議論から，Gulati & Sytch（2007）の第 1 の貢献点を示すことができる。即ち，Pfeffer & Salancik を批判しながらも，相互依存性という概念の捉え方を拡張することによって，新たな知見を提供している，という点である。相互依存性が不確実性の源泉であり，それに働きかけることによって不確実性を削減するという制御の発想が RDP のそれであったのに対して，Gulati らの発想は相互依存性を機会の源泉として捉えようとするものであることが明らかとなった。

　また，Gulati らは述べていないが，彼らの議論から第 2 の貢献点も浮かび上がってくる。それは，「組織の環境をどこで捉えるか？」という問題である。Pfeffer & Salancik の議論では，環境の構成要素である他組織との依存関係を処理するとされており，ここでは環境の重要な要素である他組織との関係の構築が意図されている。他方で，共同依存の場合には，他組織との関係の形成で環境の重要な要素に働きかけができているとはいえない。言い換えれば他組織と焦点組織との全体で，環境に対応することが意図されている。この意味で，両者の間では，捉えている環境についての相違も存在しているといえる。

3-3　RDP 以降の組織間関係論との関わり

　RDP 以降，組織間関係論において様々な議論が展開されてきたが，それらは上述の 2 つの論点との関わりを有している。

3-3-1.　組織間学習

　組織間学習は 1990 年代以降盛んになってきた論点である。そこでは組織間学習の効果を高める要因が主要な論点の 1 つとなっている。例えば Hamel & Doz（1998）はアライアンスを通じた学習に言及し，学習意志（意欲），学習の機会，学習の目的といった要因が重要であることを指摘している。ま

た，Makhija & Ganesh（1997）は，知識の性質に着目し，例えば法的契約などは移転される情報が精確かつ明示的な場合に適しており，チームの形成は創造的問題解決のために多様な情報のプールが必要な場合に適している，と論じている。

　また，他組織との関わりに関して，相手より多く学ぶことは重要であるが，相手を無視し関係から利益を最大に引き出そうとすると，双方にとって得られるであろう利益の可能性を失ってしまう，という組織間学習のジレンマ（張，2004）も存在する[2]。Khanna et al.（1998）は提携における個別利益と共通利益の概念を用いて，そこに非対称性がある場合に提携は失敗すると述べている。組織間関係に信頼を形成していくことは非常に難しい課題である（佐々木，2004）が，Child & Faulkner（1998）は，個人的関係などを通じて信頼が強まり，それが組織間関係の発展につながることを指摘している。

　組織間学習は知識の移転として捉えられることが多いが，吉田（1991, 2004）は組織変化との関わりで以下のように論じている。組織には，環境条件の変化に対応した形で組織変化を開始し達成することができない組織の特性としての「慣性」が存在する。慣性が存在する場合には，既存の当該組織の知識が時代遅れになりうるため新しい学習機会が必要となる。ここで，組織間関係を通じて，自らでは生み出すことが困難な知識，行為や資源が確保でき，そして，自らの慣性の存在が顕在化・意識化されうるという利点がある。このように組織が単独で学習を進めるのが困難な状況を打破する役割を組織間学習は有している，と。

3-3-2．ネットワーク研究

　「ネットワーク」という用語が組織研究における議論の俎上に載って久しい。一方では Burt（1992）らによるネットワーキングやソーシャルキャピタルに関する議論が展開され，そこでは例えば構造的空隙（structural holes）を埋める仲介の役割を果たすつながりが社会関係資本としての高い価値を有することなどが指摘されている。また，他方では埋め込みに関する研究

第Ⅱ部　組織間関係のミクロ的視点

（Granovetter（1985）など）も盛んに行われている[3]。そこでは組織間の社会ネットワークの関係構造の特性が組織行動に直接影響するということを明らかにしようとしている（若林，2006）。即ち，企業を取り巻くネットワーク構造の差異が，その後に締結される提携やその業績に及ぼす影響などが研究の対象となっている。このように，ネットワークによって可能性が広がるという捉え方と，ネットワークによって行動が制約を受けるという点での違いはあるものの，広くネットワーク研究と捉えることができる。

3-4　研究間の関係と今後への示唆

　組織間学習論とネットワーク研究とを概観してきたが，以下ではこれらの議論と資源依存パースペクティブとの関係について検討しよう。

　第1にRDPと組織間学習論との関係についてであるが，RDPの欠点の1つとして，学習への言及がないことが挙げられていたことから，組織間学習論はこの課題を克服する議論として位置づけられる。同時に，環境との関わりという論点から議論を進めることができる。RDPの場合には，当該組織が必要とする資源の安定的獲得が中心的論点の1つとなっている。このことは，組織はそれを取り囲む環境の変動をなくし，環境を安定化するために組織間関係を形成することにつながる。これに対して，組織間学習論では，変化する環境に柔軟に対応するための方策として組織間関係の形成が位置づけられている。このように，環境の安定化と変化する環境への適応という2つの側面が組織間関係において併存しているのである。

　RDPとネットワーク研究についてであるが，RDPは二者関係としての組織間関係に焦点を当てていた。それに対して，ネットワーク研究は，多くの他組織とのネットワーク全体との関わりの中で組織の行動を捉えようとするものであり，組織間関係論の射程を広げるという理論的意義がある。この点についてEricsson & Sharma（2002）は，二者関係は，それを取り囲む広い視点で検討すべきと論じ，協調関係が取引相手や全体環境といった多面的な属性によって決まるとしている。しかし，そのことは一方の議論が他方よりも優れていることを意味するわけではなく，分析対象に応じて用いるべき議論

が異なるのである。

但し，前章で触れたように，RDP に対する広い視野の欠如という批判は行われており，このような批判について，Auster（1994）は，ネットワークを視野に入れると，ダイアドが埋め込まれている状況が分かり，パワー，依存，交換などの問題を正確に捉えることが可能としている。また Pfeffer（2003）自身も，そういった視点と RDP とはこれまで比較され議論されてこなかったと論じており，両者を包括するような枠組みの必要性を指摘している。この意味でネットワーク研究との補完性という方向性が指摘できよう。

このようにみると，RDP と近年の組織間関係論との間には深い関わりがあることから，組織間関係論は一定の健全性を有した形で発展を遂げてきたといえよう。そして議論の比較を通じて2つの論点が示された。第1が，環境観の違いである。即ち，制御対象としての環境として捉えるか，追従対象としての環境か，という違いである。前者であれば，環境の安定化のための働きかけの対象としての組織間関係という面が強調され，後者であれば，機会の創出，能力の伸長のための機会としての組織間関係という議論につながる。第2が，環境のミクロ的側面への着目か，マクロ的側面への着目か，という違いである。

この違いは組織間関係研究において今後取り組むべき課題を示している。即ち，環境の安定化 − 環境への柔軟な対応での選択問題と，組織間関係研究におけるミクロ−マクロ問題とである。前者について，環境の安定化と学習による柔軟な対応のいずれもが組織間関係を通じた環境適応であるとするならば，どのような状況でどちらを用いるのかという組み合わせの問題が生じる。あるいはポートフォリオという視点で捉えるならば，どのような組み合わせが望ましいのかといった議論が必要となってくる。後者については，RDP における環境への働きかけによって環境（ネットワーク）が形成され，その環境が組織に対して制約や機会を与えるという埋め込みの議論につながるという考え方もできる。このような方向性は，組織間関係とネットワーク研究という，ミクロ−マクロリンクに貢献しうるものといえよう。

これらの課題を踏まえながら，今後の議論を進めていきたい。環境の安定化に関わる点については第4章と第5章で，そして個別組織を超えた働きか

第II部　組織間関係のミクロ的視点

けという点については，第6章から第8章までで論及していく。

註釈

1　集中度と相互依存性をここではほぼ同義に扱っているが，これは Pfeffer & Salancik の説明に基づいている。彼らによると，産業の集中度が低い場合には組織間で相互に及ぼす影響は小さく，集中度が高まるほど相互に及ぼす影響が大きくなる。そして，相互に及ぼしあう影響は相互依存性と捉えることができる。
2　これに関して，学習競争という論点も存在する。それについては石井（2009）を参照。
3　埋め込み研究については，第6章で詳述する。

第**4**章

不確実性と組織間関係：
組織間関係の使い分け

4-1　組織論・組織間関係論における不確実性

　前章までの議論において，RDP（資源依存パースペクティブ）における環境観として，個別の他組織への働きかけを通じた環境の制御という面があることが明らかとなった。

　ここで，改めて環境とは，「組織内の諸個人が意思決定を行う際に，直接考慮に入れるべき物的および社会的諸要因の総体」（Duncan, 1972）であり，そして環境がどのような状況であるかを描く鍵概念として存在するのが不確実性である，としたい。Thompson（1967）は，不確実性が組織にとっての根本問題であると指摘している。

　Shenhav & Weitz（2000）によれば，不確実性という概念は 19 世紀後半から用いられているものであり，当初は，機械技師による技術的不確実性への対処の際の彼らの専門的労力という点から不確実性が扱われていたが，後にその技術的な側面だけでなく組織的不確実性の削減へと議論が拡張し，研究においても，組織の実践においても不確実性という言葉は普及した。彼らによると，1985 年から 1995 年までの間に，*Academy of Management Journal* では 350 論文の中で 14％の論文が，*Administrative Science Quarterly* では 254 論文の中で 16％の論文が，不確実性を明示的，直接的に扱っており，「有効性」「効率性」「生産性」「業績」といった概念を用いた論文の比率が，先の *AMJ*，*ASQ*，そして *Academy of Management Review*，*Organization Science* 掲載全論文の 12.6％を凌いでいることから，不確実性概念が組織論研究にお

47

いて相応の重要性を有していることを彼らは示している。

そして第3章で検討したように，不確実性は組織間関係論においても重要な概念として位置づけられている。しかしながら，不確実性と組織間関係については，後述するように，それが関係の強化と弱化のいずれをもたらすのかについての一見矛盾しているような議論や，目的についての多様な説明が存在する。このような問題意識に基づいて，本章では不確実性と組織間関係に関する行動との関わりについての枠組みを提示することを目的として議論を展開したい。そのために第1に，既存研究における不確実性と組織間関係との関わりの捉え方として構造選択と経緯（プロセス）とに着目し，後者に立脚する本章での立場を示す。第2に，不確実性と組織間関係論に関する，一見対立しているような議論を概観する。その上で，第3に，不確実性と組織間関係との多様な関わりを論じた研究を検討し，それを通じて，組織間関係における組織の行動の目的が環境の安定化と環境への柔軟な対応の2つがあること，そして組織間関係の初期状態と関わりあいながら組織間関係の変化に影響することを論じる。さらには，このような多様な議論が生じた背景を学説史的に論じることの必要性も指摘する。

このように，不確実性と組織間関係に関する行動との関わりを論じることは，組織による組織間関係を通じた環境適応を理論的に整理することにもなるといえよう。

4-2　不確実性と組織間関係論：構造選択からプロセスへ

先に見たように，不確実性という概念は組織論において多く用いられてきた概念であり，代表的な研究である Galbraith（1973）では，「職務を完遂するために必要とされる情報量と，すでに組織によって獲得されている情報量とのギャップ」として不確実性が定義されている。そしてそのギャップが大きいときに不確実性は高くなるが，その背後には，予測不可能な変化の速さという考えが根底にあることが多い。例えば Thompson（1967）は，技術変化の速度が速く，環境が動態的な場合に，組織はより適応的であることを要求されると述べている。また Duncan（1972）は，単純－複雑，静態－動態

第4章　不確実性と組織間関係：組織間関係の使い分け

という二次元で不確実性の議論を行っているが，そこでの不確実性の高低に
より強く影響するのは静態－動態という次元である。また，Podolny（1994）
も，安定的な環境下にある企業は低い不確実性にあると判断する，と述べて
いる。このような議論から，不確実性は広く「環境における予測困難な変化
の速さ」として捉えられていると考えられ，本章ではこの捉え方に基づくこ
ととする。

　他方で，組織間関係論における中心的パースペクティブである取引コスト
経済学，資源依存パースペクティブ，新制度学派社会学，そして近年では
ネットワーク研究（Gulati, 1998）などの理論においても，組織間関係を考
える上での重要な概念として不確実性が位置づけられており，組織論と同様
の定義のされ方で用いられている。組織間関係論は，組織間関係がなぜ，い
かに形成され，変化するのか，といった問題を扱うものであり，それらに対
して組織を取り巻く環境がどのように影響するのかを論じることは不可避で
あるために，不確実性という概念が多く用いられるのも必然である。

　このように，不確実性概念と組織間関係論は密接な関係を有するが，不確
実性が組織間関係に対して及ぼす影響については，様々な，そして対立して
いるともいえるような議論が存在している。組織間関係の類型は，広義に捉
えれば最もタイトな合併から最もルースである市場までの連続体の中で捉え
られることが多いが，不確実性に直面した際に組織が組織間関係にどのよう
に働きかけるのか，そしてその目的は何か，といった点において必ずしも一
様の議論が行われているわけではない。

　タイトあるいはルースな関係について，例えばThompson（1967）は，組
織間の協調戦略として，契約，役員の受け入れである吸収，そして合弁など
の連合を挙げ，後者になるにつれて共同の意思決定へのコミットメントが必
要とされることを指摘している。また，Yoshino & Rangan（1995）は，組織
間でのつながりを契約的結合と資本的結合とに分類した上で，フランチャイ
ズやライセンス→共同研究・共同生産→JV→合併という順で関係が強まっ
ていくことを示している。同様の分類は岸田（1985），牛丸（2007）などで
も扱われている。これらは，いわゆる「ヒト・モノ・カネ・情報」といった
経営資源を通じたつながりの強さに沿ったものであり，既存研究では特に

49

第Ⅱ部 組織間関係のミクロ的視点

「カネ」に焦点を当てているものが多いと言えるが，本章ではいずれの資源も強弱に関わるものとする。即ち，資源の拠出度，管理の強さといった視点で関係の強弱を捉えることが可能であると考える。

　ここで，タイトかルースかという組織間関係の構造選択の問題と，強化か弱化かというプロセスの問題との関わりを明確にすべきであろう。例えば，共同である技術の開発を進めるという提携が存在するとしよう。これは構造選択の議論では「比較的ルースな組織間関係の選択」となる。ここで，仮に両組織がこれまで共同生産のための合弁も行っており，その合弁を解消して上記の提携に変化した場合は「関係の弱化」の結果辿り着く関係であるが，他方でこれまで関係がなかった組織間で形成された提携であるならば，「関係の形成（強化）」の結果辿り着く関係である。この場合，結果として生じた関係は同じであっても，その経緯は大きく異なるため，その経緯も含めて捉えることによって，組織間関係に関する組織の行動をより的確に捉えることができよう[1]。このことは，組織間のつながりは真空の中で生じるわけではない（Gulati, 1995）ことを意味しており，また関係は時間の変化と共に切り替わりうるものであり，類型という枠では収まらないとする安田（2010）の議論とも符合する。これらのことから，組織間関係に関する初期状態に着目することの重要性が存在していると言えよう。

　このような考えから，本章では組織間関係の変化というプロセスの視点に基づくが，ここで，不確実性がよりタイトな組織間関係への動き（形成・強化）を促進するのか，それともよりルースな組織間関係への動き（弱化）を促進するのか，そして，それらの動きはどのような動機で説明できるのかという点が既存研究では必ずしも統一的な形として明確になっていないという大きな理論的問題が存在している。言い換えれば，このことは先の強弱という連続体の中で中間的な位置を占める組織間関係が，単に中間的な役割を果たすのではなく，そこに至るプロセスには多様性がありうることを示している。

第4章 不確実性と組織間関係:組織間関係の使い分け

4-3 組織間関係に対する不確実性の影響

本節では不確実性が組織間関係に対して及ぼす影響,即ち焦点組織が組織間関係にどのように働きかけるかについての様々な議論を概観する。

4-3-1. 組織間関係の強化を促進する要因としての不確実性

第1章で述べたように,取引コスト経済学においては,取引コストは①不確実性・複雑性と②取引主体の少数性という2つの環境(市場)特性と,③限定された合理性と④機会主義という2つの人間の特性に応じて決まる。またこれらと関連して,情報の偏在,雰囲気といった要因も取引コストに影響する。この中で,①不確実性・複雑性と③限定された合理性が結びつくこと,そして②少数性と④機会主義とが結びつくことに注目する必要がある(Williamson, 1975; 1991a; 1991b など)。同時に,人間の合理性は限定されたものであるために,不確実性と限定された合理性の問題が結びつくと,完全な契約を作成することが難しくなる。このような場合には,取引を組織間で行うのではなく,組織内に取り込むことが効率的になると述べられている。

資源依存パースペクティブは,組織は不確実性を処理したり回避したりしようとする,という考えに基づき,避けられない運命として不確実性を受け入れるのではなく,むしろ,組織は安定的で予測可能な環境を創り出そうと試みることを指摘している(Pfeffer & Salancik, 1978; Pfeffer, 1987)。交換と競争の状況が不確実であるとき,組織は環境内の要素との関係を構築し,資源へのアクセス,結果の安定化,そして環境からのコントロールの回避のために,その関係を用いようとする。そして,依存関係をコントロールする最も直接的な方法は依存の源泉をコントロールすることであり,それは買収などを通じて達成できるが,組織は依存に対するコントロールを達成する状況に必ずしもいるわけではないため,非公式あるいは準公式メカニズムとして,JV,役員の受け入れカルテル,といった調整方法を用いる。

これら2つの議論は不確実性の程度と組織間関係のあり方に直接言及しており,不確実性が高まると,より強固な関係を形成することによって,不確

51

実性を削減しようとすることを論じている。

　これらの議論ほど明確ではないが，新制度学派社会学においても不確実性と組織間関係のあり方についての議論は見られる。組織は生存可能性を高めるために正当性を獲得することが新制度学派では指摘されるが，そこでは，正当性を付与するのが他組織であり，そこへの同調を行うことによって正当性が得られるために，組織間関係が視野に入れられている。このようなプロセスを通じて同型性（類似性）がもたらされる。同型性が進むメカニズムには，強制的・模倣的・規範的という 3 つが存在し（DiMaggio & Powell, 1983; Scott, 1992 など），この中で例えば強制的同型性は，依存関係にある他の組織や，社会の文化的期待によって行使される公式および非公式な圧力の結果として生じる同型化である。即ち，生存を確実にしてくれる他組織との関係を重視し，関係を形成したり強化したりする。このように，当該組織に対して正当性を与える他組織の存在が新制度学派社会学の特徴であり（山倉，1993），不確実性が存在する場合には，他組織との関係の高まりが生じることを論じている。

　これらの議論はいずれも，不確実性の増大が組織間関係の形成や強化への動きを促進することを論じており，代表的研究以外の多くの実証研究においても，不確実性が組織間関係の強化を導くことが追認されている（Walker & Weber, 1984; Villalonga & Mcgahan, 2005 など）。

4-3-2．組織間関係の弱化を促進する要因としての不確実性

　他方で，組織間関係の弱化とは，例えば提携関係の解消というように，それまで存在していた相互依存性を少なくとも一定程度弱める，あるいはその延長として，相互依存性を切り離すことを意味する。

　組織間関係の弱化に注目する議論も存在する。例えば Porter（1980）は，技術状況の不確実性が高まると，柔軟な対応が困難になるために，垂直統合とは反対の力が作用することを指摘しており，90 年代以降，同様の議論が多く見られるようになってきた。

　例えばアウトソーシングの研究において，Klaas, McClendon & Gainey

（1999, 2001）は，需要の不確実性がアウトソーシングを促進することを指摘しており，二神（2001）も，Klaas et al.（1999）をふまえながら，企業が需要の不確実性に直面する場合に人的資源管理のアウトソーシングの実施が多くなるのは，外部化によってフレキシブルな対応が可能になるからであり，需要の不確実性など外部環境の不確実性がアウトソーシングを進める要因として機能したことを，インタビュー調査を通じて明らかにしている。

　また，Dyer, Kale & Singh（2004）は，企業間の提携や買収において，その将来性，結果，そして成果が得られる時期が分からない中でどのような関係を形成するかを決定せざるをえないため，その不確実性について，パートナーの技術や製品，そして市場からの受容性といった点から考える必要があると論じている。そして不確実性が高い場合には買収は避け，買収に比べて資金も時間も少なくて済む提携を選択することによって，非常時の損失を抑えることができ，成果が上がり始めたならば関係を強化し，必要な場合には買収も視野に入れ，他方で成果が得られなければ，提携を解消できることを指摘している。

　最終的に他組織になるという点では，事業部の外部化[2]（Divestment：スピンアウト）も関わってくる。外部化とは，広義には企業の資産のある部分を処分することであり，例えば事業部の売却を意味する。事業部の売却に関しては，従来は財務論の視点からの議論が多かった（Duhaime & Grant, 1984）。しかし，他の要因，特に組織的要因にも 70 年代半ば以降徐々に目が向けられるようになってきた。Duhaime & Grant（1984）は，それまでの研究で個別に取り上げられてきた要因を検討し，組織の外部化の意思決定に対して影響を及ぼす可能性があるものとして，以下の５つを挙げた。第１が企業の財務状態であり，これが良くない場合には外部化が促進される。第２が外部化される部門の強さ（他部門あるいは他組織と比しての財務状態，競争状態）であり，これらが良くないと外部化が促進される。第３が部門間の相互依存性（他の事業部との技術，設備，および顧客などの共有）であり，相互依存性が低いと外部化されやすい。第４が全般的な経済環境であり，景気が悪いと資金調達などの面で問題が生じ外部化が促進される。そして第５がトップの関与であり，トップの当該部門への以前のコミットが低いほど外部化が促

第Ⅱ部　組織間関係のミクロ的視点

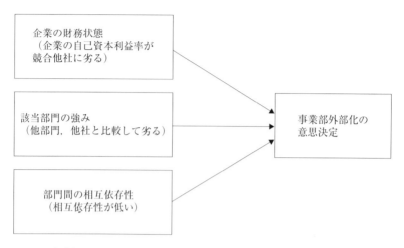

図 4-1：事業部外部化の意思決定に影響する要因
出所：Duhaime & Grant, 1984 を修正

進される。彼らはこれらの要因を基にして，アメリカにおける 40 の多角化企業を対象に実証研究を行った。その結果，企業の財務状態が悪い場合（第 1 の要因），当該部門の財務体質，競争状態が弱い場合（第 2 の要因），そして当該部門の他部門との相互依存性が低い場合（第 3 の要因），という 3 つの要因が外部化の意思決定に影響を及ぼしていることが明らかになった（図 4 - 1) [3]。

Hamilton & Chow（1993）は Duhaime & Grant（1984）の議論を検証し，さらに拡大すべく，ニュージーランドにおいて 1985 年から 90 年に行われた 208 の外部化について調査し，次のような結論を得た。208 の外部化のうち，およそ 80％ が完全な売却であり，残りがスピンアウトなどであった。外部化を導く要因としては，当該部門の業績の悪さが最も影響が大きいことが指摘された[4]。Montgomery & Thomas（1988）も Duhaime & Grant（1984）の追試を行い，当該部門の業績の悪さが外部化を導く大きな要因となりうること，戦略と一貫した外部化が株式市場で高い評価を受けることを実証した。

このように，外部化に関して様々な実証が存在する。これらの研究において指摘された要因の中で，Duhaime & Grant が指摘した 3 つの要因，即ち，企業の財務状態，当該部門の財務状態，競争状態，そして当該部門の他部門

54

との相互依存性，は組織論的に大きな意味を持つと考えられる。これらの点を踏まえた上で，環境操作戦略の視点から外部化の問題を捉えると，以下のように論じることができる。

　外部化の意思決定を行う際，焦点組織は業績の低下に直面している。これは言い換えれば不確実性の問題といえる。そして当該部門の業績が特に良くなく，この部門が不確実性の主要な源泉となっている。しかし，当該部門における他部門との間での技術，設備などの共有が少ない場合[5]には，それを外部化した場合には，当該部門との相互依存性を完全に断ち切ることができるために，その相互依存性から生じる不確実性を考慮する必要がなくなる。したがって，不確実性に直面した場合に，他部門との資源の共有が少なく，また，業績が良くない部門をルースニングし，完全に切り離すことによって，本来なら業績回復のために必要であった情報処理の必要性を削減し，焦点組織は不確実性を削減できることになる。

　以上の議論を，Orton & Weick（1990），岸田（1992）にしたがって考えれば，次のように考えられる[6]。事業部制組織はそもそもがLCS[7]であり，そのことは即ち，事業部間での異質性（Distinctiveness）が存在し，事業部間の反応性（Responsiveness）が弱いことを意味する。反応性の弱さはこの場合，資源の共有度の低さに該当する。事業部を売却するということは，LCSの中の一下位要素をさらにルースニングするということであり，例えば持株会社，コングロマリットなどの形態を経て，最終的には反応性をなくすこと，即ちディカップルドシステム（DCS）につながる[8]。DCSが1つの組織としては捉えることができない（荒深，1994）こと[9]は，外部化によって売却された部門が他の組織に属することになることと符合する。Orton & Weickおよび岸田らのLCSの議論を用いると，事業部の外部化とは，事業部制組織というLCSから完全な別会社DC（S）への移行であり，その過程はルースニングとして理論的に捉えることができる。

4-3-3. 対立した見解の解決の方向性

　これまでの検討から，環境の不確実性は組織間関係に対して一見矛盾した

第Ⅱ部　組織間関係のミクロ的視点

ような影響を及ぼすものであり，そのいずれの影響も実証されてきたことが分かる。不確実性が組織間関係に対して及ぼす影響が多様であるということは，「不確実性」という概念が広いものであり，そのような広義の概念を用いた分析には限界があることを示しているといえよう。このような現状における解決の方向性の1つとして，不確実性の下位分類を明らかにし，その上でそれぞれが及ぼす影響を示すことであろう。

　これまでみてきたように，多くの議論は不確実性と組織間関係の因果関係を捉えているが，1990年代後半以降，不確実性の多面性を視野に入れた議論が現れ始めている。ここで，多面性について考える場合，どのような多面性があるのかという点が重要となる。したがって次節では，不確実性の多面性に関する様々な議論に言及しながら，それらを包括的に論じる可能性を検討する。

4-4　不確実性の多面性と組織間関係

　不確実性と組織間関係の変化に関する問題を扱った研究として，本節では第1に不確実性の発生源を基にして組織間関係の強化－弱化という2つの戦略の使い分けを論じるアプローチを批判的に検討する。その上で第2に不確実性の性質に基づいて両戦略の使い分けを論じるアプローチを検討する。そこから得られた知見を展望しながら，これまで組織間関係論で扱われてきた「不確実性」について考える際に，それが組織にとってどのような意味を持つのかが重要であることを指摘した上で，本章での帰結を示す。

4-4-1．不確実性の発生源と組織間関係：発生源アプローチの可能性と限界

　不確実性の発生源に着目した研究として，Sutcliffe & Zaheer（1998）が挙げられる。先に記したような議論の矛盾は検証されている不確実性の種類，言い換えれば不確実性の源泉に関係しており，したがって，異なった種類の不確実性は垂直統合に異なった影響を及ぼすという問題意識の下，Sutcliffe

& Zaheer は（1）根元的な不確実性（Prime uncertainty：自然にまつわる事象，人々の選好の変化，規制の変化などの外生的源泉から生じる不確実性），（2）競争相手の不確実性（Competitive uncertainty：潜在的あるいは実際の競争相手の行為から生じる不確実性），そして（3）供給業者の不確実性（Supplier uncertainty：交換関係にある企業の行為から生じる不確実性）という3つに不確実性を分類している。

　以上の3つの不確実性の源泉を考慮し，各々が垂直統合に及ぼす影響を実証したところ，以下のような結果が示された。第1に，根元的な不確実性が高い場合には，垂直統合とは反対の方向に作用した。このことは，例えば，技術変化が速い場合には，戦略上の柔軟性を確保するために，垂直統合は促進されないことを示している。第2に，競争上の不確実性も同様に，垂直統合と反対の方向に作用した。競争相手の行為（およびその可能性）についての情報が少ない場合には，垂直統合を進めることが特定の投資へのコミットを高めることによって組織の戦略の幅を制限する，という可能性が存在するためである。これに対して，第3に，供給業者の不確実性が高い場合には，垂直統合が促進されている。この結果は，Williamson（1975）などに見られる取引コスト経済学の議論と一致している。

　このように，不確実性が3つに識別され，その中で，特に供給業者の不確実性と，それ以外の2つとの識別を行うことによって，既存研究の見解の相違が示されている。根元的な不確実性と競争相手の不確実性が競争状態に影響を及ぼすために，その競争状態（水平的相互依存性）のあり方によって，垂直的相互依存性への働きかけ方が変わってくることが想定される。彼女らによれば，根元的な不確実性および競争相手の不確実性には，より広範囲におよび，かつコントロール可能性が低いような諸要因が関係しており，したがって，それらの不確実性が高い場合には，垂直統合が促進されない[10]。またその意味で，交換相手に関するような，不確実性の源泉がより直接的かつコントロール可能な場合には，垂直統合が促進される。

　Sutcliffe & Zaheer は不確実性の源泉の分類に基づいて議論を進めていることから，ここで，組織の環境の分類における古典的研究である Duncan（1972）と対比してみよう。Duncan は，環境を構成する要素として，組織の

第Ⅱ部　組織間関係のミクロ的視点

境界内にある内部要素と外にある外部要素とを識別している。組織間関係の議論においては，外部環境が大きく関連しており，外部環境には，顧客の成分，供給業者の成分，競争者の成分，社会—政治的な成分，そして技術成分という5種類が存在する。Sutcliffe & Zaheer による3種類の不確実性と対応させると，根元的な不確実性には（市場という広義での）顧客，社会—政治的，そして技術の成分が，供給業者の不確実性には（流通における買い手という狭義での）顧客および供給業者の成分が，そして競争相手の不確実性は競争者の成分に対応しており，Duncan が挙げた個々の環境要素全てに言及しているわけではない。このような対応関係の存在ゆえに Sutcliffe & Zaheer の枠組みは一定の包括性を有しているといえるが，源泉からの影響のみに限定した環境決定論的なものになっているという問題点を有している。例えば Duncan における社会—政治的な成分の1つに公衆が存在するが，そういった利害関係者への働きかけは実在するであろう。また，競争相手との関係が垂直統合に及ぼす影響には触れられているが，競争相手との組織間関係に対する働きかけについても Pfeffer & Salancik などによって論じられており，この点で，源泉のみでの分類には限界点がある。さらに，源泉によって組織の行動が異なるということは，発生源の違いが本質的にどのような違いを有しているのかを検討する必要性があることを意味している。これらを踏まえて，以下では，Langlois & Robertson（1995）などに言及しながら，不確実性の性質に着目して議論を進める。

4-4-2. 不確実性の性質と組織間関係：安定化と柔軟な対応

　同じ源泉であっても，そこで生じる事象によって組織間関係についての行動が異なることはありえる。例えば Bresser & Harl（1986），Bresser（1988）は，組織間関係の構築である協調戦略と，その解消である競争戦略のスイッチングを分析している。彼らによれば両者の性質および関係は以下のようになっている。

　組織群は（特に競合組織間で）集団戦略（例えばカルテル的な産業内調整，政府へのロビイ活動など）を採用することによって，環境の変動および

不確実性を削減しようとする[11]。しかし集団戦略には以下に示すような逆機能が存在する[12]。第1に集団戦略の存在に拘束されることによって，戦略の変更の自由度が低くなり，戦略の硬直性が増大する。第2に集団戦略によって，環境の攪乱の影響を伝える経路が設けられ，それに伴い適応能力が低下することになる。第3に，上述の2つの現象によって，新規参入が促進される。これらの性質はどのような集団戦略においても存在する。この逆機能のために不確実性が高まり，それに対するための1つの方策が，集団戦略から競争戦略へのスイッチングである。それによって，組織は戦略の自由度を回復し，適応能力が高まり，不確実性を削減することができる[13]。

　彼らが指摘するように，集団戦略の逆機能的側面の結果，不確実性の増大が存在しうる。そしてそれへの対応策として取り上げられている競争戦略へのスイッチングとは，集団戦略の破棄と，それに伴う戦略の自由度に基づく競争戦略（価格，販売促進，および製品革新という3つ）の導入，というプロセスを意味している。したがって，それは他組織との関係（集団戦略），即ち相互依存性[14]をルースニングしていると考えられる。このことによって，環境の攪乱の伝達経路が減少し，その結果その部分に関する情報処理の必要性が低下する，といったメカニズムを通して，不確実性が削減される。

　このように，環境の安定化のための協調戦略によって，新規参入の促進，環境からの圧力の伝達経路の増幅といった逆機能が発生し，このような逆機能に直面した場合には，協調戦略が解消され（組織間関係の弱化），競争戦略が導入されることが論じられている。

　このことは，源泉（場所）ではなく，その事象の性質を考慮すべきであることを示しており，不確実性の性質に直接言及しているのが Langlois & Robertson（1995）である。彼らは不確実性の性質を2つに識別している。第1が構造的不確実性（Structural Uncertainty）であり，企業が現段階では知られていない将来の帰結に関する判断に基づき意思決定を行わねばならない場合に生じる。第2がパラメトリック不確実性（Parametric Uncertainty）であり，サプライヤーサイドでの機会主義的行動や当該企業自体の限定合理性に服しているような資源に依存せねばならない場合に生じる。パラメトリック不確実性に対する防御を図るための戦略，あるいはその影響を軽減するた

第Ⅱ部　組織間関係のミクロ的視点

めの戦略を策定することは可能だとしても，構造的不確実性を戦略的に除去することはできない。そして，パラメトリックな不確実性の場合には統合型が選択され，逆に構造的不確実性の場合には分権化した関係が選択されるべきと彼らは主張している。

　不確実性の性質に関するこれらの議論は，環境の不確実性に対する組織の対処に2つの側面が存在することを示している。第1がパラメトリック不確実性への対応としての環境の安定化であり，第2が構造的不確実性に直面した場合の，環境への柔軟な対応である。

　組織は不確実性の高低に対応するのはもちろんであるが，どのような性質の不確実性であるかがより重要であり，その制御可能性によって，対応行動が異なってくる。

4-4-3. 環境の不確実性と組織間関係：組織間関係の初期状態と不確実性対応行動の目的

　これまでの議論から，組織間関係に関する初期状態に着目する必要性と，不確実性への対応における安定化と柔軟性の獲得という二面性が示された。前者においては，一定の組織間関係が既に存在しているかどうかであって，後者については，不確実性対応行動の目的が環境の安定化か環境への柔軟な対応のいずれかということである。これらのアプローチを組み合わせること

表4-1：不確実性と組織間関係

| | | 不確実性への対応行動の目的 | |
		安定化	柔軟性の獲得
初期状態 からの志向	ルースな関係から タイトな関係	Ⅰ＜強化＞ 水平的 M&A 垂直統合	Ⅱ＜強化＞ 学習目的の提携の形成
	タイトな関係から ルースな関係	Ⅲ＜弱化＞ 取引関係の見直し	Ⅳ＜弱化＞ 社内部門のスピンアウト 企業グループの再編

出所：筆者作成

によって表 4 - 1 を描くことができる。以下ではこれに基づきながら説明を
進め，組織間関係の様々な変化がその枠組みに位置づけられることを示して
いく。

第 1 が，安定化目的の組織間関係の強化（形成）である（セル I ）。不確
実性をもたらしている他組織に対して直接働きかけ，環境を制御することで
ある。例えば，買収合併などは環境の重大な要素を吸収し，環境の安定化を
図る戦略として捉えられるが，これは資源依存パースペクティブ，取引コス
ト経済学といった伝統的研究，あるいは先に触れた Bresser による一連の研
究での協調戦略などにおいて論じられてきた行動である。

第 2 が，柔軟性獲得のための組織間関係の強化（形成）である（セル II ）。
先に述べたような直接の働きかけという環境変化の安定化が困難な場合に，
その環境変化を制御するのではなく，適応するための能力獲得等を通じて対
応することである。このことは，不確実性への間接的対応として捉えること
ができる。理論としては，1990 年代以降盛んに論じられるようになってき
た組織間学習論（Child, Faulkner & Tallman, 2005; Inkpen, 2002; 大滝，1991;
山倉，2001; 吉田，1991, 2004 など）は，この側面に焦点を当てている。例
えば吉田（1991）は以下のように述べている。組織は安定性を増す活動に傾
斜し，その結果として生じる慣性が組織学習を停滞，停止させる傾向がある
が，組織間関係を形成することによって，慣性を破壊し，柔軟性を有するこ
とが可能となる，と。

第 3 が，安定化目的の組織間関係の弱化である（セル III ）。セル I と類似
した状況であるが，それへの対応行動が異なる。例えば，取引相手（パート
ナー）との関係自体が問題になっており，その不確実性をもたらしている他
組織との関係を弱めたり解消したりすることによって，そこからの影響を低
減することができる。

第 4 が，柔軟性獲得のための組織間関係の弱化である（セル IV ）。パート
ナー自身が不確実性をもたらしているわけではないが，その能力が十分には
高くないなどの理由で，現在のパートナーとの関係を通じた焦点組織の環境
適応が効果的とは言えない，つまりネガティブだと判断される場合に，パー
トナーとの関係を弱める行動がとられる。これによって，焦点組織はパート

61

第Ⅱ部　組織間関係のミクロ的視点

ナーから受ける影響を和らげる，即ち不確実性を削減することができる。具体的には，系列や提携の解消，ルースな方向への企業グループの再編[15]などが挙げられる。あるいは，企業内部門のスピンアウトによって，既存組織と新組織各々の柔軟性の向上に伴う競争力の強化を目指すこともここに含まれる。先に挙げた，Porter（1980），Dyer et al.（2004）などの議論，Bresserによる一連の研究での協調戦略の解消はここに当てはまる。

　以上，これまでの議論に基づいて，組織間関係の初期状態，不確実性の性質，そこから導かれる関係の変化（強化－弱化）という組織間関係の行動について，表4-1に基づきながら説明を行ってきた。組織間関係には，系列，競合相手との共同研究開発など，様々なものが存在し，理論的にも水平的な関係，垂直的な関係などの形で論じられてきた。それらの多様性はあるものの，二者関係としての組織間関係という一般的な形として捉え直すことによって，多様に見える組織間関係の変化についての共通性が存在すること，そしてそれを通じて，不確実性と組織間関係のあり方について言及している様々な既存研究が1つの枠組みで説明できることを示すことが本章での帰結である[16]。

　表4-1で示した本章の帰結の概要について，ここで一点説明が必要である。それは，強化と弱化の違いをもたらす要因として初期状態の強弱（タイト－ルース）に着目したが，「中程度のつながりを出発点とした場合には，強化と弱化とのいずれが選ばれるのか。」といった問題にも言及する必要性が存在するという点である。

　これについて，ある取引相手との関係を出発点として考えてみよう。その取引相手の行動から大きな影響を受ける場合，関係の安定化を通じて不確実性に対応する場合がセルⅠであり，取引相手の持つ能力に着目し，関係を深め相互の知識を組み合わせながら共同での開発を進めていく場合などがセルⅡに当てはまる。

　他方で，セルⅢでは，セルⅠ同様，取引相手そのものから受ける影響が大きいが，そことの関係を断ち切るという直接的な行動が示されている。そして技術や市場の嗜好の変化の中で，取引相手の持つ能力が不十分である，あるいは能力の方向性が異なるなどのため，現在の環境には十分フィットして

第4章 不確実性と組織間関係：組織間関係の使い分け

いないために，関係を弱める行動がセルⅣにあてはまる。

弱化の2つのセルの共通点について考えてみよう。セルⅢでは，現行の購入部品の扱い自体の停止や他の取引先の開拓が伴うことになろうが，いずれにしても，そこでの新たな環境においては，関係を解消した他組織の存在は重要ではなくなり，そこからの影響を考慮する必要もなくなる。また，セルⅣでは，焦点組織が新たに直面する環境とパートナー組織の能力とが十分にフィットしていない。このように考えると，新たな環境での不確実性と現在のパートナーとのつながりが弱いと判断される場合（あるいは弱めるという意思決定も含まれうる），弱化という選択肢が用いられるという共通点が両セルには存在する。言い換えれば，組織が新たな環境をどのように捉えるかということであり，このことは不確実性の源泉という単なる場所ではなく，それが組織によってどのように意味づけされるかが重要であることを示している。

このように，組織は不確実性に直面した際に，他組織との関係を通じて環境変化の安定化を図る（セルⅠ），変化に対応するための柔軟性の獲得を図る（セルⅡ），既存のパートナーから直接生じる問題から離れる（セルⅢ），そして変化への対応の際に，役割を果たせないパートナーとの関係を見直す（セルⅣ），といった，様々な行動をとるのであり，組織間関係は多様な役割を持つことが分かる。

組織間関係は市場と組織の中間的な存在とする議論もあるが，本章で示した組織間関係への働きかけの多面性は，組織間関係が果たす役割は単なる中間的なものだけではないことを示している。また，現実の組織間関係が有する目的は単一ではない場合もありえ，その場合は複数のセルに跨る[17]。その多面性ゆえに不確実性と組織間関係の変化に関する研究は多岐に渡っているが，表4-1に基づくことによって，両者の関係を一定程度包括的に説明できるようになったと言えよう。

4-5　小括

組織を取り巻く環境を描写する概念として不確実性が多く用いられている

が，それが組織行動，とりわけ組織間関係の強化と弱化に対して及ぼす影響については，一見矛盾しているような，様々な議論が行われてきた。

　これは一方では，組織間関係をめぐる現実の動きが非常に多様でありながら，他方で，分析枠組みの間の一貫性が欠けていたということを示している。

　本章では，不確実性への対応について，そもそもどのような関係に基づいた行動なのかという初期状態の視点，焦点組織の直面する環境とパートナー組織の能力との関わりという視点，不確実性への対応が安定化と柔軟な対応のいずれの目的を持つのかという視点に基づき，分析を進めてきた。その中で不確実性をもたらしている環境も多様であり，それが強化−弱化という選択に影響することが明らかになった。安定化−柔軟な対応という考え方は，Galbraith に代表される情報処理モデルと通じる部分もあるが，そこに強化−弱化という行動面での違いという捉え方を加え，安定化や柔軟な対応につながる不確実性の違いを検討している点で，本章の議論は同パラダイムで論じられている内容を前進させているといえよう。

　そして，安定化−柔軟な対応のいずれを選ぶか，強化するのか弱化するのかという点については，組織としての意味づけが深くかかわってくるために，次章において改めて検討したい。

　既存研究で様々な見解が生じてきたことの背景には，先に記したように現実の動きの多様性が存在するためであることに異論はないが，他方で不確実性の多面性は，不確実性という概念が組織論から組織間関係論へと用いられる中で不可避的に生じたという可能性も指摘できる。即ち，組織間関係論において，不確実性をもたらす環境は，個々の他組織というミクロな環境を指す場合もあり，他方でそれらから成る総体としてのマクロな環境を指す場合もある。これらのいずれの関係に焦点を当てるかで議論に違いが生じうるが，これまでは不確実性という同じ言葉で語られてきた。このことは学説史的検討も重要であることを示唆している。

第 4 章　不確実性と組織間関係：組織間関係の使い分け

註釈

1　このような議論は組織構造の議論でも見られる。例えば，1920 年代の事業部制組織の成立について，岸田（1986）は以下のように述べている。「デュポン社は集権的な職能部門制組織から，独立の事業部を創って管理を分権化させ，分権的事業部制組織を確立した。GM 社は，極めて分権的な持ち株会社から出発して，総合本社を創ることによって管理面では集権化を行ない，結果として分権的な構造特性をもつ事業部制組織を採用するに至った。こうして両社とも，異なった初期条件，異なった経路を辿りながら，同じ分権的事業部制組織という組織形態に移行した」と。

　　これは組織構造に関する議論であるが，組織間関係において同じ関係に至る場合でも，それまでの関係のあり方を捉えることによって，組織行動をより的確に捉えられると言えよう。

2　日本では，吉村（1997）などが組織外部化というテーマで研究を行っているが，その議論は主に親会社─子会社の関係に焦点を当て，その中で特に子会社の機能を分析している。したがって，ルースニングというプロセスに対しては分析を行っておらず，本研究とは焦点が異なる。それに対してここで取り上げる議論は，外部化された後の事業単位の機能あるいは行動は分析対象ではなく，外部化のプロセスそのものを扱っており，筆者の問題意識と重なる部分が多い。

3　彼ら自身も認めていることだが，それらの要因間の相対的な影響度の違いは検討されていない。但し，第 1，第 2 の要因に関しては，75％以上の組織が該当し，第 3 の要因に関しては，約 90％の組織が該当することが明らかにされている。

4　当該部門の業績の悪さという要因以外には，規模の大きさ（小さい組織は，十分な多角化の範囲が存在していないために，外部化を行うことが不可能），および成長率（投資の必要性のために外部化が行われる）などの要因が存在することが指摘されてはいるが，その影響力は先に指摘した当該部門の業績の悪さに比べると小さい。また，彼らは環境要因も挙げており，具体的には景気の悪さに関して記述があったが，景気の悪さも不確実性に結びつくものである。

5　このような状況は，部門間で何らかの共有がある場合よりも，理念型としての共同的相互依存性（Pooled interdependence）（Thompson, 1967）により近いと考えられる。

6　彼らの議論はもっぱら組織内に焦点を当てたものであるが，本研究では吉田（1992）同様，それを組織間関係（本研究では特に焦点組織の視点から捉えた組織間関係）に適用した。

7　岸田（1992）は，Orton & Weick（1990）によるＬＣＳの定義に関して，特に反応性に着目して再定義を行っている。

8　この意味で，本書では，ディカップリングをルースニングの延長上の行動として捉えている。

9　このことを踏まえると，ディカップルドなものはシステムではない。したがって，ＤＣＳという概念定義は，システムではないものに対して，システムという概念をあてはめているという矛盾を抱えたものとなっている。

10　類似の議論は，Geyskens, Steenkamp & Kumar（2006），Ryu, Park & Min（2007）でも行われている。彼らは取引コスト経済学に基づき，取引相手の行動などの不確実性はタイトな組織間関係の選択を導き，他方で，技術の不確実性は逆方向の選択を導くことを

65

第Ⅱ部　組織間関係のミクロ的視点

示している。

11　Bresser & Harl（1986）は，組織集団という視点に立っていることを明らかにしているが，組織の視点からの記述を行っている部分があり，視点の混乱している箇所が存在する。また，集団戦略の採用の際の中心的な主体には言及していない。

12　逆機能の種類については山倉（1993）参照。また，佐々木（1990）においてはケースの紹介がなされている。

13　競争戦略も逆機能が存在し，その逆機能によって，集団戦略の圧力が高まる。即ち，集団戦略と競争戦略とは，一方の利点が他方の欠点になるというトレードオフ的な関係にあり，両戦略を弁証法的にスイッチングすることによって，組織は長期的な安定性を維持することができる（Bresser & Harl, 1986; Bresser, 1988）。しかし，単にスイッチングすることが弁証法的な解決にはなっていないのではないか。なぜなら，両戦略の一方を正，他方を反とすると，合にあたるものが生まれてこないからである。言い換えれば，スイッチングすることが弁証法的な方策かどうか，明確な説明がなされていない，ということである。

14　Bresser & Harl（1986）は，集団戦略の逆機能の議論において，相互連結という概念を用いている。彼らによると，相互連結は相互依存性の下位要素の1つである。しかし，彼らの議論では，相互依存性と相互連結との関係が明確ではなく，集団戦略を採用した場合，あるいは競争戦略へスイッチングした場合に相互依存性がどのように変動するのかについては触れられていない。しかし，集団戦略を破棄することは，相互依存性を操作して，低めることに他ならないので，ここでは相互依存性という概念を用いている。

15　東海地域の企業グループである森村グループの変化が一例である。そもそもは日本陶器合名会社という窯業メーカーから TOTO や日本ガイシといった企業が分社化され，森村グループが形成された。他方で，今日では（ファイン）セラミックス技術の用途は拡大し，グループ内企業の製品も多様となった。現在の森村グループは資本関係を有せず，役員の相互兼務も 1987 年で廃止した。また，森交会と呼ばれるグループ会社の懇談会を通じた関係があるものの，独立性の高いゆるやかなつながりのグループにすることによって，各社の自由な事業展開が可能になっている。グループ初期の経緯は十名（2005）に詳しい。

16　もちろん，垂直的組織間関係と水平的組織間関係との間で異なった性質が現れやすいという面はある。他方で，同じ性質を持っている点も指摘でき，例えば Pfeffer & Salancik（1978）は，垂直的組織間関係と水平的組織間関係のいずれに対しても同じアプローチで分析を行い，不確実性の高さに応じて組織間関係が形成されることを示している。

　このように，組織間関係の類型には種々ありうるが，そこに一定の共通性があること，そして様々な関係が果たす役割に着目して議論を展開し，包括的な本表へと至っている。

17　この点について，近年論じられるようになってきた make-and-buy の議論（Jacobides & Billinger, 2006; Parmigiani, 2007; Sako, Chondrakis & Vaaler, 2013 など）も本章での議論から解釈できる。Parmigiani（2007）は，取引コスト経済学で用いられる make-or-buy の議論との対比の中で，ある取引の必ずしも全てが make-or-buy のいずれかで行われるわけではなく，make-and-buy として異なる態様が併存するようになってきたことを指摘している。例えば，中間的製品を社内の下流に位置する部門へと進める

だけでなく，顧客にも販売することによってオープンイノベーションの利益を享受できること（Jacobides & Billinger, 2006)，チェーン店の展開に際して直営店とフランチャイズ店の双方を用いることによって両者間での学習が期待できること（Bradach, 1998）などがそれにあてはまる。

　また，Sako et al. はサプライヤーの能力に伴う利益が期待できれば buy が促進され，企業内での資源の共用が期待できる場合には make が選択されるといった多面的な分析が可能になることを指摘している。

　これらの議論から，近年の一潮流である make-and-buy の議論は以下の点で本章と関わっている。即ち，make から make-and-buy への移行におけるサプライヤーの能力への言及は柔軟性獲得に関わり（セルⅡ），他方で buy から make-and-buy への移行はその逆としてセルⅣに該当し，いずれも表4-1の中に位置づけることが可能である。このように，make-and-buy という最終状態であっても，そこに至る経緯は一通りではなく，経緯を捉えるという本章の視点に立つことで，その多面性の把握が可能となる。

第**5**章

組織間関係についての意味づけ

5-1　状況を規定する様々な要因

　環境の不確実性に直面した際に，相互依存性にどのように働きかけるかが
RDP の議論が提示した要諦であった。即ち，ある時点を所与とすると，そ
の時点での組織間の相互依存性に応じて，不確実性がある程度線形的に決ま
る。これは，相互依存性が高いということは，それだけ他組織からの影響を
受けるということを意味するためである。次に，不確実性がある一定以上に
大きくなると，組織間関係に働きかけて，不確実性に対処する必要が高ま
る。その際に，組織は他組織との関係を形成することになり，その結果，相
互依存性を増し，不確実性を削減するといった関係である。

　他方で，前章では組織間関係の選択についての包括的な枠組みを提示した
が，そこでは環境の意味づけが重要な役割を果たす可能性を指摘した。

　意味づけという議論においては，組織を取り巻く環境や状況をどのように
把握するかが重要になってくるが，ここで，ゴミ箱モデルにみられるような
あいまい性，あるいは進化モデルにおける多義性といった概念も，組織を取
り巻く環境を捉える際の概念として用いられることが少なくない。このよう
に複数のモデルが存在するが，モデルに関して，Bertalanffy（1968）は次の
ような見解を示している。即ち，モデルは前提条件からの推論，説明，予測
を行わせるが，他方で，単純化のしすぎという危険性を有する。概念的に操
作しやすくするためには，実在を概念の骨組みまで還元しなければならない
が，この場合，そのような解剖によって，極めて重要な部分を切り落とさな
かったかどうかが問題になる。現象が多面的で複雑であるほど，単純化のし
すぎの危険が大きい，と。

第Ⅱ部　組織間関係のミクロ的視点

　このことから，前述のように複数のモデルから環境を捉えることによっ
て，組織をとりまく状況についての，様々な角度からの理解が得られるとい
えよう。即ち，1つのモデルでは切り落とされてしまった側面を相補うこと
ができるのである。しかし，それらがどのように補完しあっているのか，と
いう問題が存在する。言い換えれば，それぞれのモデルあるいは概念の関係
性が明らかにされる必要がある。

　このような問題意識に鑑み，本章では第1に，概念定義の検討，整理を行
い，概念間の関係についてのモデルを提示する。第2に，それらのモデルが
環境の意味づけという視点から捉えられることを指摘する。その上で第3
に，組織間関係の意味づけという視点から諸概念の関係の位置づけを示し，
トヨタとGMの合弁であるNUMMIのケースを用いて例証する。

5-2　組織を取り囲む状況：状況を規定する要因間の関係

　組織はオープンシステムであり，したがって環境から何らかの形で常に影
響を受け，その中で適応行動を採っている。そのような適応行動を説明する
ためには，組織の置かれている状況を説明することが必要である。そういっ
た状況を規定する要因の主なものとして，先に示したように，不確実性，相
互依存性，あいまい性，多義性などが存在する[1]。これらの定義は以下のよ
うに示すことができる（不確実性と相互依存性についてはこれまでの章で論
じてきたため割愛する）。

　あいまい性という考え方は，1970年代に登場したものでありゴミ箱モデ
ルにおける「組織化された無秩序」を示す際の鍵概念である。組織化された
無秩序とは，選好，テクノロジー，参加者などがはっきりしておらず，明確
に規定しがたい状況を意味する（March & Olsen, 1988）。問題は明確には定
義されておらず，組織は時には対立する選好に基づいて運営されており，活
動を繰り返しながら，選好を見出していく。一貫した目標もなく，それを達
成する手段も不明確なので，組織全体のプロセスは成員に理解されておら
ず，試行錯誤，過去の経験からの学習，必要に迫られての発明，に基づいて
組織のプロセスが進行する。さらに，成員はいろいろな活動に時間と労力を

70

配分するので，組織の境界は不明確で絶えず変化している（岸田，1999）。

多義性に関しては，以下のように考えられる。多義性とは，2つ以上の何物かや，意味の指標として分類される。つまり，1つのアウトプットメッセージに2つ以上の可能なインプットが考えられる（Weick, 1979）ような，複数の解釈が存在すること（Daft & Lengel, 1986）を示す。Weick（1979）の進化モデルにしたがえば，実現過程で生み出された多義的な素材が，淘汰過程で有意味な情報に転換すべく一義化が行われる。

これらの概念はこれまで，ゴミ箱モデル，進化モデル，コンティンジェンシーセオリー，そしてRDPという別々の理論モデルの中で展開されてきた。しかし，それらの概念間の関係を示す研究も存在しており，3つのモデルを以下で示す。その上で，マルチパラダイムの視点を用いながら，それぞれの視点を比較・検討する。

5-2-1. Weick モデル

まず第1に，Weickの諸研究を検討する。彼は多義性という概念を中心に組織行動に対する分析を進めているが，その中で，あいまい性あるいは不確実性といった概念との関係に触れている。

Weick（1979）は，多義性は，あいまい性および不確実性とは異なった概念であると指摘している。彼によると，多義性とは，「多様な意味を有している状態であり，あいまい性とは意味が欠けていること，不確実性とは意味が混乱していること」（Weick, 1979, p. 174）である。多義性の世界においては複数の意味が存在し，それらが折衷できない状況にある。そして，意識的な連結行動によって多義性を削減するのに妥当と皆が思う文法が組織化であるために，組織の存在の主要な側面が多義性だとWeickは考えている。このように，Weick（1979）の議論では，多義性と他の2つの概念（あいまい性・不確実性）とが明示的に識別されている。したがって，3つの概念間の関係は明確にはされていないが，意味づけ（Sensemaking）の視点（Weick, 1995）から以下のように行われている。

あいまい性と不確実性は，共に意味づけの機会であるが，その影響は異な

るものである。あいまい性の場合には，あまりに多くの解釈に混乱するので人々は意味づけに取り組む，即ち解釈の数が多すぎるために意味づけが行われる。不確実性の場合には，どのような解釈も思いつかない，即ち解釈が分からないために意味づけが行われる。このようにあいまい性と不確実性は識別されているが，同時に Weick は「あいまい性という概念のあいまい性」にも触れている。即ち，あいまい性という言葉は2つ以上の解釈の存在を意味するが，同時に，明確性の欠如をも意味しうる。そしてその明確性の欠如という性質があいまい性を不確実性と類似したものにする。さらに，多義性とは，意味づけのきっかけとしての2つ以上の解釈の存在を明示的に示している。

　以上のことから，あいまい性，多義性，不確実性に関する Weick の見解は次のようにまとめることができる。あいまい性，多義性，そして不確実性はいずれも意味づけを引き起こす（Weick，1979，1993）[2] という点では共通性を有している。そして，前述のように，あいまい性は，2つ以上の解釈の存在を意味するという多義的な側面と，不確実性と類似した側面とを有するものという，広い概念と扱われており，その部分集合として不確実性および多義性が位置づけられている（表5-1）と見なすことができる。但し，Weick（1995）は，一方で多義性の問題が不確実性の問題になることを指摘しながら，他方で，不確実性，多義性，およびあいまい性を独立したものとして扱っている。この点で視点の揺らぎがあることは否めない。したがって，議論の精緻化の余地があるといえよう。

表5-1：Weick における，あいまい性，多義性，および
不確実性の位置づけ

あいまい性	
多　義　性 （複数の意味があること）	不　確　実　性 （意味が欠けていること）

出所：Weick, 1995

5-2-2．情報処理の中の不確実性と多義性

　第2に，情報処理の議論における諸概念の用い方について検討する。情報処理の議論は，これまで不確実性の側面と関連づけられて議論されることが多かったが，多義性[3]の視点をも加えて論じようとしているものが存在している。

　Daft & Macintosh（1981）は，Galbraith（1973）などによる情報処理の概念の拡張が必要であると考え，情報量だけでなく，多義性も情報処理に関連づけている。さらに，課業特性が分析可能性と多様性からなり，それが不確実性の源泉となることを示している Perrow（1967）の議論を，処理される情報量を課業の多様性と，そして処理される情報の多義性を分析可能性とに関連づけている。その上で，多様性と情報量の相関が高く，分析可能性と多義性の相関が低いことを示している。つまり，多様性が高いと情報処理量が多く，分析可能性が低い場合には多義性が高くなるため，それぞれの場合に応じて情報処理を行う必要がある。

　Daft & Lengel（1986）は，Daft & Macintosh の議論を組織デザインの領域まで拡張している[4]。組織は情報処理を行うことによって，不確実性と多義性の双方を削減することを指摘し，したがって情報処理の視点から不確実性と多義性の議論が統合可能であることを示している。彼らによれば，情報処理に関する要因として，不確実性と多義性が存在し，データの獲得に伴う情報量の増大が不確実性の削減につながり，情報の多様性に対応できるようなコミュニケーション手段（リッチなメディア）が，多義性を削減する。そして，不確実性が高い場合には，情報収集が促進されるような方法が，逆に多義性が高い場合には対面対話などを利用したデザインが用いられる。双方が高い場合には，客観的なデータの収集，および意見の交換が行われる（表5-2）。このような形で，組織構造が多義性の削減の促進，不確実性の削減，あるいはその両方を遂行するためにデザインすることの必要性が提示されている[5]。彼らの議論に基づき，岸（1990, 1991, 2014）はメディアリッチネスという視点から組織内での情報化戦略にアプローチし，組織階層の上部ではしばしば不透明な外部環境を解釈しなければならず，したがって多義性削

第Ⅱ部　組織間関係のミクロ的視点

表5-2：情報に関する不確実性と多義性の枠組み

高	Ⅰ　高多義性・低不確実性	Ⅱ　高多義性・高不確実性
多義性	曖昧で不明瞭な事象が時々起こる。管理者は問題を定義し，共通の文法を作り意見を集める。	曖昧で不明瞭な問題が多く起こる。管理者は問題を定義すると共に，答えを探すために，客観的データを集めたり意見の交換を行う。
性	Ⅲ．低多義性・低不確実性	Ⅳ　低多義性・高不確実性
低	明確でよく定義された状況であり，管理者は客観的なデータを集めるだけで，ルーティンな解が存在する。	よく定義された問題が多く発生。管理者は多くの質問をし，隠れた答えを見つけだし，新しい数量データを収集する。
	低　　　　　　　　　　　不確実性　　　　　　　　　　　高	

出所：Daft & Lengel, 1986

減への関わりが大きくなり，リッチなコミュニケーションメディアの利用可能性が高いことなどを実証している。

　Daftを中心とした，情報処理の中の不確実性と多義性に関する一連の研究では，多義性とあいまい性が明確に識別されていない，という欠点は存在する。但し，情報処理段階において収集された情報に関しての多義性に着目し，議論を展開している点では，旧来の情報処理の議論を進展させようとしたものとして位置づけることは可能である[6]。

　以上のように，情報処理モデルにおいては，多義性と不確実性は独立した要因として組織に影響を及ぼし，それぞれに応じて，情報処理のあり方が異なってくることが指摘されている。

5-2-3．経時的モデル

　岸田（1994）は，キューバミサイル危機に関するAllison（1971）のモデルについての解釈を行っている。キューバミサイル危機に際して，アメリカ政府内でいくつかの案の意味および効果の不明確性が存在している状態をあいまい性と結びつけ，参加者間の対立的な案が存在している状況を多義性の

第5章　組織間関係についての意味づけ

把持と除去に結びつけ，さらに，一義的な合理性を持った案が選択される状況を不確実性の除去と結びつけている。このことにより，あいまい性→多義性の把持と除去→不確実性の除去，というサイクルを提示し，あいまい性にはゴミ箱モデルを，多義性の問題には進化モデルを，そして不確実性の問題に関してはコンティンジェンシーセオリーを用いて分析することが可能であることを示している[7]。ここでは各々の理論が適用される状況が提示され，しかもそれらが経時的に結びつけられている。

　また，これまでの章で見てきたように，不確実性と相互依存性は異なったパースペクティブ，即ち情報パースペクティブと資源パースペクティブにそれぞれ基づいている。組織間関係論は主として相互依存性に焦点を当てながらも，不確実性という概念も多く用いてきた。但し，前章までの議論で見てきたように，相互依存性は不確実性の源泉となるという側面と，不確実性に対応するために働きかける要因としての側面とが存在する。

　さらに寺澤（2001）は，組織メンバーの認知と行為の関係の中で不確実性と多義性を位置づけ，以下のように論じている。March & Simon（1958）らを中心とした合理的意思決定の諸理論においては認知→行為の因果関係が重視され，そこでは不確実性の問題が重要になってくる。他方で，Weick（1969, 1979）のフレームワークでは，自らの行為を回顧的に意味づけることに焦点が当てられており，ここでは多義性への対処が重要になってくる。このように，彼女によれば，認知と行為の循環の中で，不確実性への対処が中心になる場合と，多義性への対処が中心になる場合とが存在する。

　この経時的モデルは，桑嶋・高橋（2001）によって意思決定の領域でも用いられている。彼らによれば，研究開発プロセスにおいて，川下に行くほど技術的な不明確さが減少するために川上では「ゴミ箱モデル」的な決定が行われ，川下に進むにつれて近代組織論的な決定モデルがあてはまる[8]。

　このように，岸田（1994）を嚆矢として，あいまい性，多義性，そして不確実性という3つの概念の立脚する理論が適用される状況を識別し，その状況ごとに適切な理論をあてはめようとする研究が行われている。

第Ⅱ部　組織間関係のミクロ的視点

5-3　3つのモデルの比較検討：マルチパラダイム研究を手がかりとして

　以上，あいまい性，多義性，および不確実性といった概念間の関係にアプローチした3つのモデル（Weickモデル，情報処理モデル，経時的モデル）を概観した。それぞれのモデルでの関係の扱い方には違いが存在する。したがって，その違いを明確にし，諸概念間の関係を明らかにすることが重要であろう。そのために，ここでは第1に分析方法に着目しながら，これら3つのモデルを分類し，その上で第2にマルチパラダイム研究に基づきながらそれらを評価する。

5-3-1. モデルの分類

　Weickモデルでは，意味づけを引き起こす要因として，あいまい性，多義性，そして不確実性が同列に扱われていた。多義性やあいまい性の場合には社会的構成が必要となり，不確実性の場合にはスキャニングが必要となる（Weick, 1995）。また，多義性の量に応じて行為者間の二重相互作用のあり方が決まってくる（Weick, 1979）。

　Daftら（1986）のモデルでは，情報処理活動における多義性と不確実性が及ぼす影響が扱われている。即ち，組織は情報処理において，不確実性と多義性に対処しなければならないが，不確実性が高い場合には，情報収集が促進されるような方法が，逆に多義性が高い場合には対面対話などを利用した組織デザインが用いられる。

　このように，Weickのモデルは意味づけを引き起こす要因として不確実性，多義性そしてあいまい性を同列に扱っており，また，Daftらのモデルも同様にそれらの要因が相互に独立したものとして捉えている[9]。そしてWeickモデルにおいても情報処理モデルにおいても，それらの諸概念が独自に組織に影響を及ぼすことを指摘している。したがって，これらのモデルは諸概念が組織に対して及ぼす影響を，共時的な視点から論じているといえる。

　これに対して，経時的モデルは例えば岸田（1994）の場合，既に指摘した

76

表 5-3：あいまい性，多義性，不確実性に関するモデル

共時的モデル	経時的モデル
Weick（1995）	岸田（1994）
Daft & Macintosh（1981）	桑嶋・高橋（2001）
Daft & Lengel（1985）	寺澤（2001）
岸（1990，1991）	小橋（2001）

出所：筆者作成

ように，あいまい性→多義性の把持と除去→不確実性の除去，というサイクルを提示し，あいまい性にはゴミ箱モデルを，多義性の問題には進化モデルを，そして不確実性の問題に関してはコンティンジェンシーセオリーを適用することが可能であることを示している。これはいくつかの理論を経時的な視点から包括的に捉えたものである。

　以上のように，Weick モデル，情報処理モデルは共時的な視点からの分析であり，経時的モデルと対比させることができる（表5−3）。

5-3-2．モデルの比較検討：マルチパラダイムの視点から

　これまでの議論で，3つのモデルを共時的分析−経時的分析という形で分類した。いずれのモデルも既存の概念を複数用いて，何らかの組織現象を理解しようとしている点では共通性を有するが，その方法論に着目すると，1つの大きな違いが存在する。

　先にも指摘したように，Weick モデル，情報処理モデルの両モデルは概念間の共時的関係に着目している。共時的な分析を行うことによるメリットとして，ある1つの現象に及ぶ影響を，様々な要因を用いて，多様に説明することが可能となる，という点を挙げることができる。しかし，同時に，共時的分析には以下の2つの問題点が存在する。第1は概念間の関係である。共時的な影響を分析する場合，用いられる概念間の関係そのものが明確にされることがない場合がある。即ち，複数の要素（概念）のそれぞれの影響を捉えることは可能になるが，それらを独立変数として扱うために，概念間の関係を直接的に捉えることは困難となる。この点を明確にすることによって，

分析対象がより明確にされると考えられる。このことと関連して，第2に，様々なモデルの中で用いられる概念を，1つの枠組みで利用できるかどうか，という点を挙げることができる。言い換えれば，それぞれの概念を用いる各モデルの主張の差異が意識されない，という問題が生じうる。

これらの点に関して，近年展開されるようになってきた，マルチパラダイムの議論[10]から次のようにいえる。Das（1993）は組織のコントロールについて言及する中で，マルチパラダイムのアプローチによって，ある特定のパースペクティブのみに依拠することなく多くの側面を包括的に分析することが可能となる，と述べている。Schulz & Hatch（1996）によれば，多元的パラダイム研究に関して3つのメタ理論的立場がある。第1が共約不可能性（Incommensurability）の立場であり，そこでは異なったパラダイムの概念や分析を組み合わせることができない。第2が，様々な分析を統合することが可能であるとする立場（Integration）であるが，ここでは様々な主張の差異を考慮に入れずに，混合したり結合したりする。第3がパラダイム交差の立場（Crossing）であり，パラダイムの相違を前提とした上で，新たな理解を提示するものである。そして組織論における多様性を活用するためには，パースペクティブの多様性が必要であり，そのためには第3の立場が重要であることが指摘されている。これを踏まえると，Weick，Daft らの共時的モデルは，あいまい性，多義性，そして不確実性を用いてきた各モデルの主張の差異を考慮に入れずに結びつけようとしている，という点で，Schulz & Hatch によるところの「統合[11]」という第2の立場にあてはまる。即ち，Weick の場合には各概念が意味づけに対して及ぼす影響が，Daft らの研究においては各概念が情報処理に対して及ぼす影響が，各概念の用いられている理論の差異を検討することなく論じられている。

これに対して，経時的モデルはいくつかの理論を経時的な視点から包括的に捉えたものである。Schulz & Hatch（1996）によれば，パラダイム交差という戦略（方法）の中でも，パラダイム間の対照性と関係性，即ち相違点と類似点とを同時に認識するような相互作用戦略（Interplay strategy）が重要であるとしている。相違点を認めつつ，類似点を探っていくことにより，パラダイム間の接点を探ることができるためである。

第5章　組織間関係についての意味づけ

　この点から岸田モデルを例に挙げると次のようにいえる。3つの異なった理論を用いながら一連の事象にアプローチしており，その中で，あいまいさからの秩序の形成へと踏み出す段階が実現過程として位置づけられ[12]，さらに，いくつかの意味から一義的な現実に収斂された結果をコンティンジェンシーセオリーで説明している。ここでは3つの理論が適用される状況を提示することによって理論間の対照性を示し，それぞれの理論がどのように結びつけられるかという関係性を提示している。このように，対照性と関係性[13]が同時に認識されている点で，現象を包括的に理解する可能性を有している。

　以上，3つのモデルを共時的モデルと経時的モデルとに分類した上で，それらを比較検討してきた。そこでは，各概念間の関係性と対照性を踏まえた上でアプローチしている点でマルチパラダイム理論における要点を踏まえている，という利点を経時的モデルが有していることが指摘された。このように考えると，あいまい性，多義性，そして不確実性の関係について，このモデルにしたがって議論を進めることには一定の意義が存在するが，共時的モデルを完全に棄却することには問題が存在する。というのも，マルチパラダイムの議論では，様々な説明方法の関係を強調しており，複数存在する説明の1つのみに立脚し，他を棄却することは望ましくないことが論じられているためである[14]。但し，経時的モデルの方法論的優位性が存在するために，次章ではそれを中心に据えながら，共時的モデルとの接点を探り包括的な説明を与える。

5-4　包括的視点へ向けて

　概念間の関係にアプローチしたモデルとして，共時的モデルと経時的モデルとが存在する。それらの比較を通じて，経時的モデルに方法論的優位性があることが指摘された。本節ではその上で両者の接点を示していく。その際に共時的モデルに関しては，情報処理モデルに焦点を当てながら議論を展開する[15]。

5-4-1. 共時的モデルの経時的視点からの解釈

　Daft らの情報処理モデルでは，多義性と不確実性という要因それぞれが組織に対して及ぼす影響が論じられていた。しかし，その記述を詳細に検討すると，多義性と不確実性の及ぼす影響に相違があることが分かる。表5-2に基づいて議論を進めれば，多義性が高い状況では問題が定義されていない。それは多様でコンフリクトを起こすような解釈が存在しているためである。そして，不確実性が高い状況では，答え（解）の探索のために，データの収集といった多くの努力が必要となる。したがって，多義性は問題の設定に関連があり，不確実性は答えに関連がある。一般的な意思決定のプロセスは，March & Simon（1958）らによって定式化されているが，そこでは・前提としての目標状態，もしくは効用関数，・代替的選択肢の探索，・複数の選択肢を相互比較した上で1つを選択，というプロセスで意思決定が進む[16]。つまり，何らかの目標状態が与えられていて，そこに到達するために，その手段としての選択肢を探索し，その中から1つを選ぶ，という順になっている（長瀬，1999）。ここでは問題の設定が解の探索に先行することが指摘されている。

　このように考えると，多義性の段階では問題が定義されておらず，問題が明確に規定されてから，どのように，そしてどのような解を探索するのかが決まるのである。即ち，意味づけの初期段階においては，人々が因果関係および結果についての選好について合意に達しようとすることが中心となる。そして問題が明確にされると，多義性の問題が不確実性の問題になる（Weick & McDaniel, 1989）。もちろん，組織化は不断のサイクルであり，組織メンバーは常に複数の問題に対処しているために，多義性の問題に対処している場合と，不確実性の問題に対処している場合とが混在しており，その意味で同時に多義性の問題にも不確実性の問題にも対処していると考えられる。しかし，1つの問題に焦点を限定すれば，上記のような多義性から不確実性へという移行が存在している[17]。

　したがって，Daft & Lengel（1986）の情報処理モデルでは，多義性と不確実性の同時的影響が扱われていたが，多義性は問題の設定に関係しており，

他方で不確実性は解の探索に関係している。この点で，それぞれの概念が異なった点に焦点を当てていることが分かり，しかもそれらが経時的に関連づけられることが示された。このように，共時的モデルとして位置づけられている情報処理モデルも，経時的な視点から解釈することが可能となる。

5-4-2．あいまい性，多義性，不確実性，相互依存性

共時的モデルは同時的影響を扱いながら，実際にはそこには経時的な視点が潜在的に存在している。但し，そこでは多義性と不確実性との関連が示されていたに過ぎない。あいまい性をも視野に入れている経時的モデルを踏まえた上で，4つの概念を位置づけると以下のように論じることができるだろう。

組織間での相互依存性は組織を取り巻く環境を捉える際の重要な概念であるが，その相互依存性において，何が問題となっているのか，あるいはどのような対処方法（解）が存在するのか，といった点が不明確な状況がありえる（あいまい性）。その中でなんらかの事象が発生した場合（生態学的変化），それに対して組織メンバー各々によって意味が付与され，多義性の段階となる。ここでは何が問題であるかに関して様々な解釈が存在する。それが社会的相互作用を通じて，意味（不確実性）が一義的に決まり，どのよう

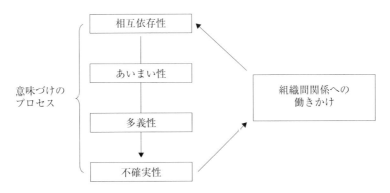

図5-1：環境特性と組織間関係を通じた意味づけ
出所：筆者作成

第Ⅱ部　組織間関係のミクロ的視点

に対処するかという解が決まる。前章での議論になぞらえて考えれば，その意味に応じて，様々な組織間関係についての戦略の使い分けが生じる。

　あいまい性，多義性，不確実性，相互依存性という概念を位置づける方法には，大きく分けて共時的モデルと経時的モデルとが存在するが，経時的モデルの視点に立つことによって，共時的モデルで語られている問題設定と解の探索の段階が，別の時点に存在することを示すことができる。この点で経時的モデルが共時的モデルをも包括するような説明を与えることが可能といえよう[18]。

5-5　行為としての環境操作戦略

　これまでの議論で，あいまい性―多義性―不確実性についてのサイクルと，相互依存性―不確実性のサイクルが意味づけという視点から結びつける可能性があることが指摘された。以上の見解を踏まえた上で，ここではそれを環境操作戦略の議論に適用する。

　環境操作戦略は組織が用いる戦略の一種である。そして戦略とは，企業による具体的な活動である（Galbraith & Nathanson, 1978）。また，その策定においては，認知が大きな役割を果たす（Schwenk, 1988; 桑田，1989）。このような意味で，認知と行為という概念から環境操作戦略の問題にアプローチすることは可能であろう。

　まず，行為と認知の関係について考慮する必要があろう。進化モデルの観点では，両者の関係は以下のように位置づけられている。認知は行為に先行するというより，行為の結果として成立する。したがって，認知に内容を与えるのは行為である（Weick, 1969）。これを進化モデルの中で位置づけた見解（Weick, 1979）によれば，組織的行為をイナクトメントのカテゴリーに入れ，認知を淘汰のカテゴリーに入れる必要がある。他方で，戦略形成の段階では，組織の主体的・認知的側面が組み込まれる（桑田，1989）。認知と行為との関係は，このような相互作用の関係にある。以下，各々の側面について検討し，最後にそれらを踏まえて全体像を提示する。

5-5-1. 行為と認知

　先述したように，行為から認知という論点は，進化モデルの実現過程に関するものである[19]。実現過程において，戦略策定者が意味づけする環境は，戦略策定者の行為のパターンによって形成されるのであり，このことは環境認知ではなく，環境を創り出すプロセスによるものであることを意味する（Smircich & Stubbart, 1985）。

　生態学的変化はイナクトしうる環境（Enactable environment），即ち意味づけ（Sensemaking）の素材を提供する（Weick, 1979）。そして，その生態学的変化の中で経験世界のある部分に注目することによって，その部分が環境となりうる（岸田，1985）。このことを環境操作戦略の議論に照らし合わせれば，次のように言える。自身（焦点組織）と他者（他組織）の行為が組織と環境とを決定する（Smircich & Stubbart, 1985）。その際に，先に記したように，環境を特徴づける要因として相互依存性が中心的役割を果たす（Pfeffer & Salancik, 1978）[20]。このように，これまでの組織的行為（戦略）の結果，注意すべき部分が抽出され，相互依存性という視点から，環境の意味（不確実性）が捉えられるようになる。但し，この段階では，様々な意味が存在する。

　これに対して認知から行為へと至る議論は，戦略的意思決定における1つの論点であり，認知から行為へのプロセスも進化モデルの流れで考えることができる。上述のプロセスに続く淘汰過程においては，多義的なディスプレーに対して，多義性を除去するために，特定の解釈の淘汰が行われる。その結果，有意味な情報としての実現的環境が生じる（岸田，1985）。イナクトされた環境は，自然環境の代理として働き，行為は，イナクトされた環境に対して適応する（Weick, 1979）。したがって，環境操作戦略の場合にあてはめて考えると，実現過程で存在した環境についてのいくつかの意味という多義性が除去され，不確実性が一義化されることになる。そしてそれは保持過程で貯えられ，環境操作戦略の発動に至る。

5-5-2. 組織間関係のサイクル

　以上の議論を踏まえた上で，ここでは，再度組織間関係に考察対象を戻し，その中で本章で扱ってきた環境を捉える際の諸概念を位置づけていく。

　既に述べたように，あいまい性―多義性―不確実性という関係は意味づけのプロセスを示している。他方で本書のこれまでの議論で扱われた相互依存性―不確実性という関係においては，意味づけの対象という側面が指摘されている。

　したがって，全体のサイクルは以下のようになる。生態学的変化およびそれに伴うイナクトメントによって，これまでの組織の行為のある部分に注意が向けられ，あいまいな状態から環境に関して何らかの意味が出てくる。その際に重要な役割を果たすのが相互依存性である。その相互依存性に関しての多様な意味づけ（多義性）が淘汰過程を通じて一義化され[21]，不確実性への対処の必要性が考えられた場合には，組織間関係への働きかけが行われ，関係の強化あるいは弱化を行う。このようにして組織間関係への働きかけという行為によって環境に何らかの変動が生じることになり，組織はその変動した環境の意味を捉えようとして，再びあいまい性の段階に戻り，意味づけを行っていく[22]。

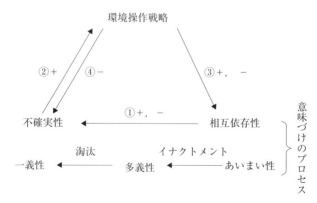

図5-2：環境操作戦略を通じた不確実性と相互依存性のサイクル
出所：筆者作成

第5章　組織間関係についての意味づけ

5-6　組織間関係における意味づけ：NUMMIのケース

これまでの説明で，環境操作戦略のサイクルの中での，諸概念の関係を示した。そこでの説明は非常に抽象度が高いものであるため，本節では，GMとトヨタとの合弁であるNUMMIのケースに着目し，本章でのモデルを用いることによってどのような説明が与えられるのか，検討する[23]。

NUMMIに関しては，これまで様々な研究が行われているが，それらはNUMMIの内容，ある時点での結果などに対するものが多く，NUMMIの形成に至るプロセスについての研究蓄積は多くない[24]。したがって，ここではNUMMIというJVの形成，即ち環境操作戦略の発動に至るプロセスに着目する。

5-6-1．石油危機から日米経済摩擦と海外進出への機運：あいまい状況へ

1979年のイラン革命に端を発した第二次石油危機の発生によって，アメリカではガソリン価格が高騰し，性能と品質が良く，しかも燃費のよい日本製小型車に人気が殺到し（宍戸・草野，1988；下川，1997），UAW（全米自動車労働組合）から激しい非難を受けることになった。これに対して，本田技研工業，日産自動車はそれぞれアメリカでの工場建設を決定した。これに対してトヨタは1980年の6月にフォードに対して「両社が折半して米国に合弁会社を設立し，トヨタが開発した排気量2000cc級の小型乗用車をフォードの遊休工場を使い，年間20万台を生産し，それぞれの販売網を使って売る」という基本的内容の提携を提案した。同年7月から本交渉は始まったが，車種選定の段階で交渉が暗礁に乗り上げた。トヨタは当初「カムリ」を提示したが，フォードの「トーラス」と競合するためフォード側が設計変更を求めたがトヨタはそれに応じず，折り合いがつかなかった。更に11月になり，「親イスラエル政策を採るフォードとの間でトヨタが提携を行えば，トヨタ車をボイコットすることも有り得る」という警告がアラブボイコット委員会から発せられた。当時トヨタの中近東向けの輸出はトヨタの輸

85

出全体の 14% を占めており，アラブボイコット委員会を敵に回すことは危険であった。これらの理由により，トヨタ側は交渉の意欲を失い，フォードとの提携の交渉を白紙撤回の方向に向けることを決定した。

以上がフォードとの提携の概要である。後に NUMMI の形成の相手となる GM との間で交渉を進めることはこの段階では全く考えられていなかった。即ち，この時点では GM との提携という戦略は解として捉えられていなかった。その理由については，以下の 2 つが存在する。第 1 に，GM との提携を進めること自体への疑念があった。その理由として，GM は当時自動車企業としては第 1 位の企業であり，そのような企業と提携関係を構築することによって，アメリカの独占禁止法に触れる恐れが大きいと考えられていたことを挙げることができる。第 2 に，トヨタとフォードは過去にトヨタから技術者の受け入れを行っており，トヨタ自工社長の豊田英二氏[25] も研修生として参加し，この経験がトヨタの「創意くふう提案制度」につながった，という経緯がある。

このような理由からフォードとの提携交渉が進められたが，その決裂によりトヨタは，海外進出という問題に対する有効な解を失ったのである。

一方で工場設立などによる単独進出ではリスクが大きすぎると考えており，他方で，提携といった他の方法での進出を見出すこともできず，米国進出の糸口を失っていた，と考えられる。

5-6-2. GM との交渉における様々な見解：生態学的変化から多義性へ

上述のように，米国進出のきっかけを失っていたトヨタだが，GM とのコネクションを有する人物との邂逅を通じて，GM との会談の可能性が開けた（1981 年 11 月）。そして当時のトヨタ自販会長が GM 会長と会談し，提携に向けて交渉に入ることで合意した。

しかし，このような交渉に対して，トヨタ側にも懸念が存在していた。第 1 に，GM との提携は両社にメリットがあるのは明らかだが，GM が一旦トヨタから小型車の技術を獲得し，小型車戦略が軌道に乗れば，トヨタは GM

に捨てられてしまうのではないか，という点である。第2に，交渉のテンポが速すぎる，という点である。腹の探り合いから提携交渉の意思表示をするまでに通常半年以上かかるのに対して，今回の交渉では，1カ月でトップ会談の日程も決まり意思表示を迫られている。さらに，フォードとの経験からもGMとの提携に慎重にならざるを得なかった。

アメリカでの共同生産という案はトヨタ側には予想外であった。これはトヨタ側にとって注意を引きつけるような変化であり，したがって生態学的変化（Ecological change）として捉えることができる[26]。このような変化に対してメンバーは意味づけを行っていくことになるのだが，ここで扱った各人は，自身の経験を元に，GMとの可能性（相互依存性）に関して各々異なった解釈[27]を行っており，これが多義性につながっている。

5-6-3．交渉の締結へ：トップダウンによる意思統一という一義化

しかしながらこの多義性は[28]，トヨタ内部の足並みの悪さと映り，GM側に不快感を与え，GM側のチームはトヨタ側との決裂も辞さない状態になった。トヨタ側では交渉に前向きなメンバーによって，GMとの提携が重要であること，GMはUAWとの交渉も行っておりトヨタとの交渉がGMとUAWの交渉に影響することから提携交渉の時間が切迫していること，といった理由を中心として，意思統一が図られ，GMとの提携を積極的かつ迅速に進めることで合意が得られた。そしてGMとの交渉を経て，1983年2月18日に提携合意書の調印式が行われ，正式にNUMMIが誕生することとなる[29]。

このように，組織メンバーの働きかけによって，解釈のスキーマが淘汰され，GMとの相互依存性およびそれに由来する不確実性に対する解釈に一義性が得られ，実現環境（Enacted environment）が決まり，JV形成という組織間関係の形成という解に到達した。

5-6-4. ケースからの含意

　以上，トヨタ社内で NUMMI への合意に至るまでのケースを，組織間関係に関する意味づけという視点から振り返った。初期段階においては，NUMMI のような合弁を設立することを長きに渡って計画してきたわけではなかった。つまり，特定の他組織（相互依存性）への着目があったわけではなく，あいまい性で説明されるような状況が存在していた。北米市場への参入に向けた当初の交渉相手は，フォード社であった。フォードとの交渉が決裂してからは GM との交渉が始まり，この状況に対する意味づけが行われた。GM との間の相互依存性については様々な捉え方が存在していた（多義性）。しかし交渉が進み，トヨタ内でのメンバー間の相互作用も進む中で，この多義性は削減されていき，最終的に，トヨタを巡る環境の不確実性への対応方法として，JV の設立へと至った。言い換えれば，NUMMI はトヨタの実現環境に対する合理的解としてみなされたのである。

　NUMMI の決定に際して，すべてトップダウンで行われたことによる合理的決定であり，非合理的な決定と呼びうる要素はなかった，と捉える見解も存在する（宍戸・草野，1988）が，上述のケースが示しているように，NUMMI が合理的な解としてメンバーから認識されるようになるまでは，意味づけのプロセスを通じて交渉メンバーの間での多義性が存在していたのである。

　これに関して，Das & Kumar（2010）は，カオス的状況における意味づけは予測不可能性や実験といった言葉と関わる，と述べている。当時の日本の自動車メーカーは，北米市場での経験を有しておらず，その意味で予測可能性が低かったといえよう。その中で GM との交渉は説得力や受容可能性（Weick, 1995）といった側面を有していた。

　これまでの議論をまとめ，NUMMI の設立に向けての一連の流れを示したものが図 5 - 3 である。

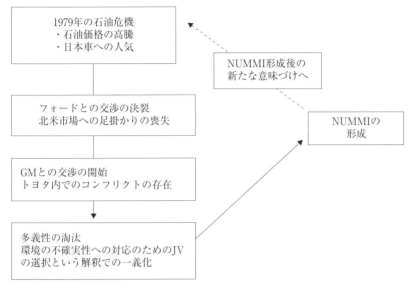

図 5-3：NUMMI 形成にみる意味づけのプロセス
出所：筆者作成

5-7 小括

　組織を取り巻く状況を規定する要因として，本章ではあいまい性，多義性，不確実性，そして相互依存性を扱ってきた。これらは異なった理論で用いられてきた概念であるが，それらの関係を捉え，位置づけていくことによって，組織で生じる様々な事象に対する理解が深まる。例えば岸田（1994）は，革新のプロセスという問題に対して，ゴミ箱モデル，進化モデル，コンティンジェンシーセオリーのそれぞれが当てはまる局面があることを示している。このことは1つの理論では捉えきれない多様性を，複数の理論を用いることによって理解できることを意味している。

　そのような位置づけを行う研究として共時的モデルと経時的モデルという2つのモデルを概観し，その特徴を指摘した。近年盛んに行われるようになってきたマルチパラダイムの視点から捉えると，経時的モデルの方法論的優位性が存在する。また，経時的モデルから共時的モデルを解釈し，包括することも可能であることが示された。

第Ⅱ部　組織間関係のミクロ的視点

　組織間関係の何が問題になっているのかが非常に不明瞭な段階から，問題に関していくつかの解釈が存在する段階，そして問題が設定されそれに対する解が探索される段階へと至り，その意味づけに応じて組織間関係への働きかけが行われる。このような一連のプロセスの中で，あいまい性，多義性，不確実性，そして相互依存性を位置づけることが可能である。このことはそれぞれの概念が依って立つ理論の相違点を示しながら，それらが時間の経過の中で結びつけられるという関係性も示している。

　以上，マルチパラダイムの視点を用いながら，両モデルを評価検討し，その上で包括的な視点として経時的モデルを提示したが，残された問題も存在する。特に方法論的課題は多く，それらを記し今後の展望とすることによって，本章を結びたい。

　第1に，Weick モデルのさらなる検討である。共時的モデルと経時的モデルとの比較検討の際に，共時的モデルに関して我々は主に Daft らの情報処理モデルに焦点を当てた。これは既に記したように，Weick モデルにおける視点の揺らぎ，議論展開の不十分さをその理由としたが，そのことは，Weick モデルには論理的に展開する余地が残されており，Weick 自身あるいは彼のフォロワーによる今後のモデルの進展が十分ありえることを意味している。したがって，Weick モデルの今後の展開により諸概念の位置づけが明確になった場合，それに応じてマルチパラダイムの視点から再検討することには一定の意義があり，本章で展開した議論を再考し，精緻化することが可能となる。

　第2に，マルチパラダイムの視点との関連である。本章ではマルチパラダイム理論の視点から共時的モデルと経時的モデルとを比較した。但し，マルチパラダイム理論は近年発展してきた議論であり，未だ理念的議論に踏みとどまっている，という部分が否めない。即ちマルチパラダイムセオリーでは，主に Burrell & Morgan（1979）における4つの社会理論パラダイム（表5-4）に基づいて議論が行われており，我々が通常用いている様々な具体的モデル，例えばコンティンジェンシーセオリー，資源依存モデル，取引コスト経済学などの関係づけにまで踏み込んでいない。

　したがって，そのような具体的モデルの次元での議論が必要となり，それ

第 5 章　組織間関係についての意味づけ

表 5-4：4 つのパラダイムによる社会理論の分析

ラディカル・チェンジの社会学

主観的	ラディカル 人間主義者	ラディカル 構造主義者	客観的
	解釈主義者	機能主義者	

レギュレーションの社会学

出所：Burrel & Morgan, 1977

　らの関係づけができてこそマルチパラダイム理論の意義が高まると考えられる。本章はマルチパラダイム理論を，実際に組織論の俎上で用いられている諸概念に援用した点で理念的議論から一歩踏み出したものとして位置づけられる。本章での経時的な方向での関係づけという位置づけは，マルチパラダイム理論における具体的モデルのレベルでの議論の一試論となるであろうが，この分野での今後の研究の進展を踏まえながら，本章での試みをさらに精緻化，展開することが必要であろう。

註釈

1　Duncan（1972）によれば，環境を捉える際には，複雑性および動態性といった視点も存在するが，それらは不確実性と結びつくことが指摘されているために，本章ではそれらを不確実性に集約させて扱う。

2　Weick（1995）は意味づけを引き起こす原因として，明示的にはあいまい性と不確実性しか捉えていないが，多義性も同様に意味づけを引き起こす要因であると，他所（Weick, 1979, 1993）で指摘している。

3　後述するが，このモデルにおいては多義性とあいまい性が，ほぼ同義として扱われている。

4　また藤本（1998）は Daft らの見解を踏まえ，製品開発に焦点を当て，それに関わる製品機能，製品構造そして生産工程等に対して，多義性および不確実性が影響を及ぼすことを指摘している。

5　さらに桑田（1995）は，多義性の除去，不確実性の除去の問題を情報技術の視点から捉え，情報技術の進展の中で，デジタルの情報処理および伝達が，不確実性の除去に効率的かつ効果的に貢献することを指摘している。さらに，この結果として組織デザインの制約条件が多義性の除去へとシフトすることも指摘されている。

6　しかしこの場合でも，Galbraith（1973）の組織デザインとの関連を説明する必要がある。Galbraith の議論では，情報処理の必要性の現象，あるいは情報処理能力の増大と

第Ⅱ部　組織間関係のミクロ的視点

いった方策が示されているが，それらの方策と Daft らのデザインとの関係は明らかにされていない。

7　さらに岸田はこの考え方を展開し，鉄鋼業における BOF（純酸素上吹転炉）の導入と，3M 社のポスト・イットのケースに焦点を当て，革新のプロセスを明らかにしている。

8　彼らは経時的な関連に加えて，産業ごとでの相違にも言及している。即ち，製品構造と機能の因果関係が比較的明確な自動車産業においては，近代組織論的モデルの決定過程が多く見られ，それが不明確な新薬開発においてはゴミ箱モデル的になる，と。

9　先に述べたように，Weick（1995）は，一方で多義性の問題が不確実性の問題になることを指摘しながら，他方で不確実性，多義性，およびあいまい性を独立したものとして扱っており，この点で視点の揺らぎがあることは否めない。

10　これは 1990 年代以降行われるようになってきた視点である。様々な現象の多様性を理解するために，様々な理論を用いることが重視されている。その意味で本章の議論もこの立場にあるといえる。マルチパラダイムを深く扱った文献は多くないが，日本の研究では大月（1999）などを参照。

11　Schulz & Hatch は「統合」という言葉を，第 3 の立場ではなく，第 2 の立場を指す場合に用いている。Scherer（1998）も同様に，単一のパラダイムの下で多様なパラダイムを結び付けることを指して「統合」と呼んでいる。即ち，これらの「統合」という立場では，パラダイム間を結び付けるようなメタ視点が存在しておらず，この意味でマルチパラダイム研究においては，「統合」という状態は必ずしも最善の方法を意味しているわけではないといえよう。

12　遠田（1994）は，選択機会における情報の多義性削減（＝意味づけ）の過程が，ゴミ箱モデルでは欠落していることを指摘している。彼の見解はゴミ箱モデルと進化モデルの接点の必要性を唱えるものであり，この意味で経時的モデルはその要請に応えうるものと位置づけられる。

13　Schulz & Hatch（1996）は，どのような関係性があるのかについては深く論じていない。また，Scherer（1998）も，パースペクティブの結び付けに関して新たな視点が必要であることを指摘している。本章での経時的な視点に立ったモデルは，その関係性の 1 つの可能性だと考えられる。

14　ここにはメタ視点のメタ視点という，無限の議論の危険性が潜んでいる。即ち，様々な理論に関するメタ視点が複数存在する場合，それらをどのように考えるのかということである。「複数のパラダイムの結び付けの方法」が存在する可能性については，マルチパラダイム研究では行われていない。

15　共時的モデルにおいては Weick モデルと情報処理モデルとが存在するが，先に示したように Weick モデルにおいては諸概念の位置づけが一貫していない部分があり，今後の改善の余地が大きいために，Daft らを中心とした情報処理モデルに焦点を当てる。

16　ゴミ箱モデルでは，問題や解が経時的に扱われていないという指摘は可能であるが，Daft らの情報処理モデルはコンティンジェンシーセオリー的な合理的モデルに基づいており，そこでは問題に対する解の探索が経時的な順で扱われている。

17　さらに，不確実性に対応するために集められた情報についての多義性が存在する場合も考えられる。ここでも収集された情報というインプットについての多義性が削減されることになる。

92

第5章　組織間関係についての意味づけ

18　共時的分析，経時的分析を，クロスセクション分析，時系列的な分析という用語との異同について触れておきたい。共時的な研究では，例えば多義性と不確実性が独立的に扱われており，そういった諸変数を経時的視点に立つことによって関係づけられる点を本章は強調している。その意味で，共時的なモデルと経時的なモデルの際は，時間の長さの差だけではなく，共時的モデルでは扱いきれない概念間の関係を時間の流れの中で関係づけることが可能になっているという点での差異も存在する。

19　Weick（1979）によれば，行為が認知を規定する，という点が重要であり，秩序は発見されるというよりも（社会的構成を通じて）あてがわれることになる。

20　例えばDuncan（1972）に見られるように，コンティンジェンシーセオリーにおいては，内部環境および外部環境が環境の次元として捉えられている。これに対して，環境操作戦略の議論を含め，組織間関係論は，専ら外部環境に焦点を当て，内部環境を捉えようとはしない。このことは組織間関係論全体が有する欠点として考えられ，本章もそこから免れうるものではない。

21　吉田（1995）は，不確実性の処理というプロセスの中に多義性の除去が含まれているが，そこでは情報の解釈の中で多義性が一義化されることが指摘されている。

22　あいまい性，多義性の部分は，組織間の相互依存性についての意味づけの状況を示したものであり，実際に組織間関係に動きがあるのは環境操作戦略を発動した段階のみである。但し，この点に関して，Weick（1979）によれば，イナクトメントは外的環境と直接やりとりする唯一の過程であり，本章で示したサイクルによれば，環境操作戦略を発動して相互依存性を操作する部分がイナクトメントに関連することから，Weickの議論に符合するものといえる。

23　宍戸・草野（1988）は，ある社会的事象を正確に把握するためには，1つの専門領域からアプローチしただけでは不十分である，という立場に基づき，経営，政治，マクロ経済，法律，という視点からNUMMIのケースに論究している。

24　例えば，NUMMIでの生産方式については，山田（1994），池淵（1997），趙（1999）などが研究している。また，NUMMIの経験をその後どのように活かしたのか，という点についてはトヨタ内に関しての研究よりも，GM内に関しての研究が多い。例えば，Keller（1993），下川（1997）など。

25　豊田英二は，工販分離の時点で，既に生産担当の取締役に就いており，1967年トヨタ自工の5代目社長に就任した。

26　Weick（1979）によれば，組織化とは不断のサイクルであり，その意味で，先のフォードとの交渉の契機となった石油危機も，生態学的変化と考えられる。但し，本章での焦点はNUMMIというJVの決定に至るプロセスにあるために，J. W. チャイによるGMとの可能性の提示，という生態学的変化に多くの注意を払っている。

27　意味づけと解釈に関してWeick（1995）は次のように考えている。即ち，解釈においては，解釈されるべき対象が既に明らかであることが想定されているが，そのような前提は意味づけにおいては行われていない。意味づけは解釈する対象を生み出し，解釈および再解釈のための筋道を創出することに焦点を当てている，と。このように両者は異なったものとして扱われているが，その説明は不明確な部分もあり，本章では同義として扱う。

28　さらに，宍戸・草野（1988）によれば，技術者を中心に，GMへの技術供与への慎重論が存在していたことも示されている。但し，その具体的な内容，プロセスの記述は明

93

第Ⅱ部　組織間関係のミクロ的視点

確には行われていないため，本章ではそこには焦点を当てない。

29　もちろん，GM との交渉中にも，車種，生産規模等に関して双方の見解の相違は存在した。フレモント工場の資産評価額については両者の利害は真っ向から対立し，トヨタ側には「決裂もやむなし」の意見も出始めた。但し，基本的には双方とも提携の形成には合意に到達しており，また，決裂の空気が漂い始めた事務ベースの交渉に際して，豊田英二は強硬派を諭し，不退転の決意を示した。さらに，このような意見対立の際にも J・W・チャイの奔走が見られ，両社の歩み寄りが実現された。本章では，提携形成に向けての組織内での決定プロセスに着目しているために，トヨタ―GM 間の詳細な交渉プロセスについては言及しない。

第Ⅲ部
組織間関係の
マクロ的視点

第**6**章

マクロ的視点としての
埋め込みアプローチ

6-1　はじめに

　第3章から前章までの議論で見てきたように，組織は環境内の特定の他組織への働きかけを通じて，環境の不確実性に適応する。他方で，必ずしもある単一の組織だけではなく，複数の組織との関係を形成しながら適応が図られる場合もある。

　そして同時に，そのように形成した関係からの制約を受ける場合も出てくるであろう。

　第Ⅲ部では，そのような問題意識の下，他組織から成る連合体による可能性とそれによる制約について検討していきたい。なお，本章では，組織間関係論の近年の一潮流としての「埋め込み」というアプローチを学説史的に検討することを目的とする。組織論の歴史を振り返ると，コンティンジェンシーセオリーにおいて組織を取り巻く環境と組織との関わりを深く扱うようになったが，そこでは環境それ自体がどのような要素から構成され，それらがどのような関連を持つのか，あるいは組織が自らの環境要素に働きかけ，いわば自らの環境システムをどのように形成していくか，については触れられなかった（岸田，1985）。そういった点を出発点の1つとしているのが組織間関係論であり，1970年代以降，資源依存モデル，取引コスト経済学といった多様な議論が行われるようになってきた。そして1990年代以降，埋め込みというアプローチが多く用いられるようになっている（Kilduff et al., 2006）。それはそもそもどのような議論であり，学説史上どのような意味を

第Ⅲ部　組織間関係のマクロ的視点

持つのか。それが現在ではどのように展開されているのか。本章では，埋め込みの議論の嚆矢，現状，課題および類似概念としての社会ネットワークとの関係について検討しながら，埋め込み研究の全体像の把握を行いたい。

6-2　議論の嚆矢と埋め込み研究

「埋め込み」に関する議論の嚆矢は Granovetter（1985）とされている[1]。彼は「埋め込み」について次のように述べている。即ち，行動や制度が社会的関係によってどのように影響を受けるのかを社会理論の古典的問題の1つとして捉え，一方で，功利主義的伝統の多く（古典派，新古典派を含む）は，社会的関係からは殆ど影響を受けない合理的で利己的な行動を想定しているとし，他方で「埋め込み」の議論を位置づけ，そこでは行動や制度が，現行の社会的関係に非常に制約されており，それらを独立のものとして解釈することは大きな誤解となると論じている。そして埋め込みの議論は，信頼を生みだし悪事を抑制する際の，具体的な関係や構造（ネットワーク）の役割を強調する。

　このように，Granovetter は，行動への社会的側面の影響を指摘している。彼の議論が組織間関係論で多く用いられるようになったのは 1990 年代後半以降である。そこでは，組織間の社会ネットワークの関係構造の特性が組織行動に直接影響するということを明らかにしようとしている（若林，2006）。資源依存モデルや取引コスト経済学といった，従来の組織間関係論の代表的な議論は，二者関係としての組織間関係に主たる焦点を当てていた。それに対して，埋め込みアプローチは，組織間関係の多様なネットワークへの分析を行いながら，それとの関わりの中で組織の行動を捉えようとするものであり，組織間関係論の射程を広げるという学説史上の意義がある。

　このような性質を持つ埋め込みアプローチであるが，ここではネットワークとは何か，そしてそれがどのように機能するのかといった論点が中心となり，それをより明らかにするために，次節では埋め込み研究の展開を明らかにする。

98

6-3 埋め込み研究の現状

　埋め込みに関する研究には多くのものが存在しており，その全体像を理解しやすい形で示すことが必要であるが，他方で，その多様さゆえに困難な作業でもある。このような状況の中で，Dacin et al.（1999）は埋め込み研究に関するレビューを行い，源泉，メカニズム，結果，そして戦略的実践的含意という4つに研究を類型化している[2]。しかし，ここではメカニズムという用語が不明確である，主体（組織）の行動に関する論点の位置づけがなされていない，そして各領域間の関係が示されていない，といった問題点を有しており，それらを踏まえた上で埋め込み研究の展開を示すと図6-1のようになる。以下では，各々の論点に関わる内容を検討する。

A：源泉

　「何が埋め込みをもたらすのか」に言及するもので，Dacin et al.（1999）によれば，国家の制度，血縁などが挙げられている。しかし，ここではパラドキシカルな側面が存在する。埋め込みの議論は，組織間関係に関する行動は真空状態を出発点として行われるわけではなく，社会関係のパターンの影響が見られるとして，そのパターンの重要性を主張しているが，埋め込みの源泉を問うことは，そのパターンが真空状態からどのように形成されるのかを問うことにつながってしまう。

B：埋め込みのあり方

　個々の企業の行為と結果，ネットワーク全体の結果等に影響を及ぼす要因

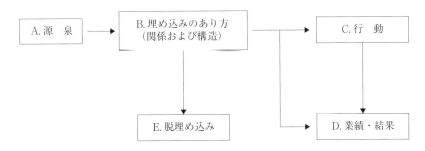

図6-1：埋め込み研究の展開
出所：Dacin, et al., 1999に基づき筆者作成

として挙げられている概念であり，様々な点でこれを規定しようという試み
が行われている。ここでは，関係的埋め込みという側面（二者関係に関連）
と，構造的の埋め込みという側面（ネットワークの全体構造と関連）の2つの
いずれか（あるいは両方）に焦点を当てることが多い。

　関係的埋め込みとして，過去5年で形成された2社間でのアライアンスの
数（Gulati, 1998），接触頻度の高さ（若林，2002a）などがあり，構造的埋
め込みとして，所与の1組の組織が共通のパートナーを有しているか
（Gulati, 1999），そして構造の中でのポジションとしての情報中心性[3]（若
林，2002a），サプライヤーが取引するメーカーの範囲（近能，2002a）など
がある。また，Soda & Usai（1999）は，関係的－構造的という区分はして
いないが，イタリア建設業界に存在する提携関係のネットワークを挙げてお
り，梅木（2001）は新規事業において成立したネットワークを捉えている。

　このように多様な捉え方が存在しているが，それらは関係的－構造的とい
う形で分類可能といえる。

C：行動

　埋め込みのあり方が組織の行動に対して及ぼす影響には様々なものが存在
し，これをさらに細かく分けるならば3種類存在する。正の影響，負の影
響，そして中立的な影響である。それぞれC1，C2，C3として，既存研究
で扱われた変数を挙げると以下のようになる。

C1：正の影響

　信頼の増大，詳細な情報の伝達，共同問題解決，時間の経済性，統合的調
整（Uzzi, 1996, 1997），部品の継続的取引（近能，2002a）といった要因が
含まれる。

C2：負の影響

　パートナー変化の困難さ（Uzzi, 1996, 1997），自己規制（Soda & Usai,
1999）などが当てはまる。

C3：中立的影響

　多角化の採用（Fligstein, 1991），アライアンスの形成（Gulati, 1995），共
同行為（展示会）への繰り返しの参加（Sandberg, 2003）などが当てはま
る。

C1 から C3 のいずれかの影響に焦点を当てるという方法も存在するが，未発達な論点として，C1 と C2 との間での転化を挙げることができる。例えば，Soda & Usai（1999）は，関係資本（社会的関係）の量が増大すると，産業の自己規制が強くなり，対話を通じて不確実性を削減する方向へのプレッシャーが強くなることを指摘している。また Uzzi（1997）は埋め込みが負債となってしまう条件として，(1) ネットワーク内の中核プレイヤーが予期せぬ形で退出する，(2) 制度的諸力が市場を合理化する，(3) 過度の埋め込み状態になる，という3つを挙げているが，第3点について Uzzi はある点を越えると過度の状態になる，閾値という表現で説明しているに過ぎず，そのメカニズムを示していない。

C1 と C2 は表裏一体であり，例えば信頼の増大は関係の固定化につながり，いわゆる「馴れ合い」と呼ばれる状況を招きうる。埋め込み研究の問題意識の根底に行動への社会的側面の影響を捉えることがあり，そして若林（2006）が述べるように，異なったネットワーク特性が経済成果に対して異なった影響を及ぼすことを踏まえると，このような C1 → C2，あるいは C2 → C1 という転化のメカニズムに言及することは重要であると考えられる。

D：業績・結果

埋め込みから影響を受けた行動によって，一定の業績・結果がもたらされることは自明のことであるが，個々の企業の行為に対する意図に影響することなくもたらされる結果も指摘されている。具体的には，生存，経済全体への悪影響（Soda & Usai, 1999），多様性の減少・適応能力の低下（Uzzi, 1996, 1997），過剰埋め込み（若林，2002b），優良ではない顧客の巻き込み（梅木，2001），といった点が挙げられている。そしてこれらが新たな企業行動への刺激となることが考えられる。

E：脱埋め込み（Disembeddedness）

脱埋め込みとは，「遠方のネットワークが近接のネットワークを再定義する可能性」（Dacin et al., 1999）として指摘される。この点に関する研究蓄積は少ないが，大規模な企業の場合には埋め込みの力は弱くなる（Uzzi, 1997），あるいはグローバル化によってこれまでの埋め込みが変化する（Dacin et al., 1999），といった可能性を指摘できる。

第Ⅲ部　組織間関係のマクロ的視点

6-4　埋め込み研究の課題:多様な展開に伴う諸問題

　前節では埋め込み研究の全体像を概観した。かなりの研究の蓄積はあるものの，まだ明確な統一的枠組みが存在しているとはいいがたい。したがって本節では，逆説的だが，現状での埋め込み研究の課題として，大別して2つの課題があることを指摘することを通じて，埋め込み研究の輪郭を示したい。

6-4-1. 変数の多様性

　多くの研究において見られることであるが，研究の進展と共に，用いられる変数も多様化する。埋め込み研究も同様の傾向を有しているが，他の研究領域と異なり，2つの面での変数の多様化が見られる。

　第1が，「埋め込みという関係」とは何か，即ち，図6-1でのBに関わる変数である。一方で取引の有無といった，具体的な資源の移動を伴うものが扱われており，他方で情報交換といった無形資源に焦点を当てた研究も存在する。情報も広く捉えれば資源ではあるが，情報交換のネットワークと取引のネットワークとが無条件で一致するかどうかには疑問が残る[4]。別の言い方をするならば，埋め込み研究のベースにある社会ネットワークの定義の広さが問題になっているといえるだろう。例えば Barnes（1954）は「多くの個人が相互に間接的にしか調整し合えないような何らかの活動を遂行する際に使われる社会関係のシステム」と，また，Bott（1955）は「その構成要素となっている外部単位が，全てではなく部分的に，相互に関係を維持しているような社会的布置状況のこと」と，社会ネットワークを定義している。この広さゆえに分析対象とするネットワークが多様になる恐れがある。但し，この点については，現状が発展途上であるために発散の方向に向かっており，いずれ収束する可能性があると考えることもできる。

　第2が，「どのレベルでの関係なのか」という問題である。埋め込み研究の嚆矢として挙げた Granovetter（1985）は，個人に対する焦点を出発点としながらも，市場−組織というマクロなレベルでも埋め込みのアイデアを用

いることができるとしている。しかし，このためには個人レベルでの議論をそのまま組織間関係のレベルで用いることができるかどうかという援用可能性についての理論的検討が必要である。さらには，もしそれが可能であるとしても，レベルの複層性と呼べる問題が残っており，第1の点との関わりで次のような問題が生じる。例えば，取引関係は長年続いているけれどもトップレベルでの個人的つながりがあまりない場合と，逆に取引等の関係は殆どないものの，トップ同士が数十年来の知己である場合とでは，どちらが強い紐帯であるかは必ずしも明確に規定できない。

　つまり，個人ベースの議論を出発点としながら組織間関係まで捉えようとするという試みは，それまでの議論に，もう1つ分析レベルを付加することになるため，個人，組織，組織間関係といった多様なレベルの関わりを説明することが大きな理論的課題となる。

6-4-2. 脱埋め込みという論点

　前節では埋め込み研究の展開方向の1つとして，「脱埋め込み」という論点が存在することを示したが，実際にいくつかの研究も存在する。例えば近能（2002b）はネットワーク構造を密なものと疎なものとに分類し，それをミックスしたハイブリッド型の望ましさを指摘している。また，Kilduff et al.（2006）は，ネットワーク内の個々人はネットワークに対して皆異なった見方を有しており，個々人の属性を見た場合，自己管理度が高い個人（High self-monitors）と低い個人とがあり，後者は，移転性，中心性，組織外連結の多様性といった点で，より埋め込みの度合いが高いといったことを指摘している。こういった議論が生じつつあるが，これらは「埋め込み」というアプローチに逆行するものである。

　そもそも埋め込みという考え方は，ある経済合理的な行動があったとしても，それが社会的関係によって抑制されるという発想と関連しており，その意味で，自身に最適なネットワークの構築という議論とは異なっている。確かに，埋め込み研究を進める中で，そのような発想に至るのは1つの帰結なのかもしれないが，埋め込みアプローチの枠内で捉える前に隣接領域に眼を

向ける必要があるのではないだろうか。

6-5　今後の展望

　これまで埋め込み研究の課題を見てきたが，それを踏まえた上での今後の課題を示すことが建設的な研究展開上必要と考えられる。本節では3つの点から議論を行う。

　第1が理論そのものの進展である。埋め込み研究は多岐に渡っているが，Bを軸としながら他の変数との関わりを探るという方法が一般的である。したがって，いずれかの変数に着目し，既存研究で用いられていない要因を抽出し，検討することによって，新たな貢献をすることは可能である[5]。また，既に述べたように，行動に関するC1からC2，あるいは逆の転化，さらにはDがもたらす結果等による行動変化なども考察対象となりうる。

　第2が社会ネットワーク論全体としての展開である。また，先述の脱埋め込みについての注意に関して，確かにそのような方向性での組織の行動はありえるのだろうが，それはBurt（1992）などに見られるような社会ネットワークの議論といえよう。それらを埋め込みアプローチのような因果をも包含して，広い意味での社会ネットワーク研究と呼ぶことができるのかもしれない。その場合，ネットワーク→組織，組織→ネットワークという双方向での因果関係を捉えることになり，組織と環境に関するこれまでの組織論での捉え方と類似性を有することにもなろう。

　第3が既存理論との関係性である。組織間関係に関する理論は既に多く存在しており，それらとの関係について，十分な議論はなされていない。例えば，若林（2006）において，取引費用経済学，ゲーム理論，資源依存理論，組織生態学といった理論との対比はなされているが，そこでは違いが意識されている。しかし，組織間関係という複雑な事象を多面的に捉えるためには，既存理論との関わりを深く検討することが求められよう。Casciaro & Piskorski（2005）は，ネットワーク論での二者関係の議論に資源依存のあり方を積極的に取り込んでいけば，両者は補完的になると論じている。このような方向での議論を深めていくことによって，我々の理解はより深まってい

くものと考えられる。

6-6 小括

　本章では，埋め込み研究の全体像の理解のために，その嚆矢から現状，課題，そして今後の展望を行った。一般的に，議論の多様な展開は発展の証であると共に，学説史的整理の必要性の増大につながるものであり，埋め込み研究も同様である。

　本章で述べたように，様々な組織との関わりが，焦点組織の行動にとって制約要因として機能するという点が議論の出発点であった。その意味でRDPにおける制約要因としての他組織という発想と軌を一にする面があると言えよう。そして他組織への働きかけを通じて，不確実性の問題に対処するというRDPと同様に，埋め込みの議論で脱埋め込みという発想が出てくるのも当然の帰結である。

　脱埋め込みとは環境への働きかけの1つの側面であり，組織間関係論においては，環境からの影響に基づいた上での組織によるネットワークや環境への働きかけとして捉えることができる。次章では，その論点に関わる「進化」に焦点を当て，議論を行っていきたい。

註釈

1　例えばPfeffer & Salancik（1978）もEmbeddedという言葉を用いているが，それは構成概念としてではなく，企業が環境に埋め込まれているという記述で見られるのみであり，埋め込みの概念定義や操作化は行われていない。
2　Dacin et al. の概要と組織間関係論での位置づけについては，小橋（2005）を参照のこと。
3　ネットワークの中心に位置し，情報の流れを制御できる程度。詳細は安田雪（2001）を参照のこと。
4　このことは，組織間関係論全体にもあてはまることである。伝統的な組織間関係論（例えばRDPなど）においては，有形資源に主たる焦点が当てられているが，近年の組織間学習論では知識の移転に焦点が当てられている。例えばNUMMIでは，有形資源の面では例えば双方が資金を提供するといったことが見られたが，知識の移転という面ではトヨタがGMから米国での経営ノウハウを獲得したのに対して，GM側はトヨタから結果的には学習できなかったという点を指摘できる。

5 例えば，脱埋め込みに関して，ネットワークの中核にいるが故に，そこから退出し新たなネットワークの構築が可能になるといった論点は，B と E という変数に焦点を当てた新たな議論といえる。

第7章

組織間関係のマクロ的進化：
レベルとアプローチの視点から

7-1　はじめに

　前章までの議論で見たように，組織は特定の他組織との間で関係を形成したり，あるいは様々な複数の組織と関わったりする中で環境適応を図っている。RDP においても，埋め込み研究においても，他組織との関係は機会であると同時に制約要因であることが示されていた。

　その両面での関わりを捉える視点の1つとして変化・進化という視点が存在する[1]。これは，組織間関係が形成時の特徴をそのまま維持するのではなく，経時的に進化を遂げることを意味する。進化に関する研究は，1990 年代以降盛んになってきた。

　したがって，本章では，組織間関係の進化に関する近年の研究をサーベイし，変数のレベルと変数間の関係（アプローチ）という2つの視点から整理し，その上で研究の展開および現状に見られる特徴を指摘し，今後の展望について述べる。

7-2　組織間関係の進化に関する分析視角

　組織間関係の進化に関する研究が増大した結果，他の研究分野同様，様々な変数を用いたモデルが増えてきた。しかし，組織間関係の進化に対する我々の理解は十分ではない。このことは，研究の増大による着実な進展がある一方で，同時に既存研究の整理を通じた包括的理解が必要であることを意

味している。

　組織間関係の進化には非常に多くの変数が関係しているが、そのことは、変数の多様さと変数間の関係という2つの点を明確にすることが重要であることを示している。即ち、変数の多様さとは、ミクロからマクロまで、様々なレベルの変数が存在していることを意味している。他方で、変数間の関係は、組織間関係の進化と、それに関連する諸変数の相互作用をどのように捉えるかに関係する。したがって我々は以下の2つの視点で既存研究を整理・分類する。即ち、第1が変数のレベルでの分類であり、第2が変数間の関係での分類である[2]。

7-2-1. 変数のレベル

　Auster（1995）によると、組織間関係を分析する際に用いる変数のレベルには、個人レベル（I）、組織レベル（O）、組織グループレベル（G）、環境レベル（E）という4種類が考えられ、1つ以上のレベルの変数を用いて分析が行われる。第1の個人レベルの分析においては、人々が組織間関係とどのように関わっているのかが論じられる。ここでの変数としては、対境担当者、彼らの認知あるいはバックグランドなどが挙げられる。第2の組織レベルの分析は組織特性と、組織間関係の創出・管理・維持との関わりを扱っている。ここでの変数としては、組織の戦略、構造、技術、年齢、あるいは規模などが挙げられる。第3の組織グループレベルの分析は、広義に解釈すれば産業あるいは種（Species）、狭義に捉えれば戦略グループあるいは市場セグメントである。最後が環境レベルであり、ここでは制度的環境あるいは経済的環境と組織間関係との関わりが考えられる。

7-2-2. 進化に対するアプローチ

　このように、変数について様々なレベルが存在するが、組織間関係の進化と関わる諸変数との関係、即ち進化に対するアプローチに基づいて既存研究を分類することもできる。第1に、個人行動、環境条件等を独立変数とし

て，それらが従属変数である組織間関係の進化にどのような影響を及ぼすのかに焦点を当てる立場が存在する。ここでは両変数の因果関係が明確に規定されているために，これを進化（Evolution）アプローチと呼ぶ。このアプローチにより，組織間関係に影響を及ぼす要因の明確化が可能となり，そのことは有効な組織間関係の管理という含意にもつながる。

これに対して西口（1997）は，組織間関係はそれほど固定的ではなく，還元論的計算に基づけるほど単純ではない，と述べている。このことは，組織間関係は他の変数と相互に影響しながら発展しており，何が独立変数で従属変数であるかを規定できないことを意味している。組織間関係と他の変数のこのような相互作用を通じた進化を，共進化（Co-evolution）という第2の視点として捉えることができる。共進化とは，Das & Teng（2002）によれば，システムの異なった部分が同時に進化し相互作用し，その結果一方の進化が他方（パートナー）の進化から影響を受ける場合に生じる[3]。

7-3　組織間関係の進化の研究の類型

これまで組織間関係の進化の分類に関する2つの視点をみてきた。変数レベルという点では4つのレベルが存在し，変数間の関係の捉え方（アプローチ）という点では2つのアプローチが存在する。これらに基づくと，我々は表7-1のように組織間関係の進化に関する研究のモデルを分類できる。以下，各モデルについてみていこう。

7-3-1. 一方向的アプローチ（進化：Evolution）

組織間関係にはパートナー組織から多くの人々が参加しており，そしてそれを取り巻く環境から影響を受りながら関係は存在している。ここでは，個人レベルから順に組織間関係に対する影響を概観していく。

（1）個人レベルの影響（E-I モデル）

ここには，組織間関係の進化に対する個人の影響を扱う研究が含まれる。

第Ⅲ部　組織間関係のマクロ的視点

表 7-1：組織間関係の進化に関する研究の分類

		アプローチ	
		一方向的 （進化：Evolution）	双方向的 （共進化：Co-evolution）
変数レベル	環境レベル （E）	<E-E モデル> Ariño & Torre(1998), Kumar & Nti(1998), 山口(1998), Barnett, Mischke & Ocasio(2000)	<C-E モデル> Koza & Lewin(1998)
	組織グループ レベル（G）	<E-G モデル> Gulati(1998), Dacin et al. (1999)	<C-G モデル> Kobashi, Konomi & Kozawa(2003)
	組織レベル （O）	<E-O モデル> 佐々木(1990), 吉田 (1992), 山倉(1993), Doz(1996), Ebers & Grandori(1997), Hamel & Doz(1998), Child & Faulkner(1998), Ariño & Torre (1998), Kumar & Nti(1998), Khanna, Gulati & Nohria(1998), Büchel(2000), Doz & Baburoglu(2000)	<C-O モデル> 西口 (1997), Koza & Lewin (1998), Sydow & Windeler (1998), 松行(2000), Das & Teng(2002), 吉田 (2004), 村上(2004), 小橋 (2008), 李(2015)
	個人レベル （I）	<E-I モデル> 山倉(1993), Ring & Van de Ven(1994), Child & Faulkner(1998), Büchel(2000), Inkpen(2001)	<C-I モデル> Koza & Lewin(1998)

出所：筆者作成

Ring & Van de Ven（1994）は，個人間関係における非公式な意味づけ，心理的契約，そして相互作用が，組織間関係における交渉，コミット，実行段階で繰り返し生じることを指摘している。また，Child & Faulkner（1998）は，個人的関係を通じて信頼や絆が強まり，それが組織間関係の発展につながると述べている。このように，E-I モデルでは，パートナーの対境担当者間の個人的関係がおよぼす影響を明らかにすることが試みられている。

（2）組織レベルの影響（E-O モデル）

　ここではパートナーの組織特性および関わり方による影響が扱われる。例えば Ebers & Grandori（1997）は，主体の資源，期待などの要因の変化が組織間関係の変化をもたらすと論じており，Khanna, et al.（1998）は，組織間関係全体の利益に対する個々の組織の利益の割合が高い場合に提携が競争的側面を帯びると論じている。

(3) 組織グループレベル（E-G モデル）

　ここでは，産業内の他の組織グループ，即ち他の組織間関係が，焦点組織間関係に対して及ぼす影響が扱われる。Dacin et al.（1999）は，近年盛んになってきている埋め込み（Embeddedness）の議論に基づいて，組織の過去および既存のつながりが将来の相互作用に影響する側面を論じることの重要性を指摘している。このように，ここでは埋め込みという視点からの研究の展開可能性が指摘できる。

(4) 環境レベル（E-E モデル）

　Kumar & Nti（1998）は，法律や社会風土，経済循環といった環境変化によって組織間関係の変動がもたらされ，その結果，相互の期待や相互作用などの再調整が必要になる可能性を指摘している。このように，環境変動への対応の中で組織間関係が進化することが描かれている。

7-3-2. 双方向的アプローチ（共進化：Co-evolution）

　組織間関係は様々な要因から影響を受けながら進化する。しかし，そのことは組織間関係が完全に受動的なシステムであることを意味するのではない。即ち，組織間関係の進化が逆に他の要因に影響を及ぼす可能性が考えられ，そのことは，組織間関係が他の要因と相互に影響しあいながら進化するという，共進化の考えにつながる。

(1) 個人レベル（C-I モデル）

　Koza & Lewin（1998）は戦略的提携が経営者の意図や選好と共進化する可能性を指摘している。例えば組織間関係の進化により業績が向上すると，参加者の希求水準の変化をもたらし，そのことが次に組織間関係の再構築への原動力となりうる。このことは組織間関係と個人の選好が相互に影響しながら変化することを示している。

第Ⅲ部　組織間関係のマクロ的視点

(2) 組織レベル（C-O モデル）

　Das & Teng（2002）は，組織間関係の進展の中で個々の組織の市場の共通性が高まった結果，パートナー間のコンフリクトが増大し，それが組織間関係に対して影響を及ぼす可能性があることを指摘している。また吉田（2004）は，組織間関係の変化によって組織の目的やコンピタンスなどを変える必要が生じることを指摘している。村上（2004）は SCM における製造業者と流通業者の関係に焦点を当て，その中で協力関係・搾取関係・競争関係とが併存し，不確実性の問題の解決，企業間信頼の醸成などを通じて共進化が促されることを指摘した。李（2015）は，中国のアウトソーシング産業に着目し，ハイエンド業務の発注を受けて，受注側がイノベーション能力を構築し，そして受注側から発注側へのフィードバックがもたらされる，そして次の受発注ステップに進むという共進化を説明している。このように，組織特性と組織間関係の特性とが相互に影響を及ぼしながら進化することがこのモデルの特徴である。

(3) 組織グループレベル（C-G モデル）

　例えばある組織間関係の変動が，関連する他の組織間関係に影響するといったように，ここでは複数の組織間関係が相互に影響を及ぼしながら進化する側面が扱われる。Kobashi et al.（2003）はルノーと日産自動車の提携に着目し，それを介して両社のサプライヤーネットワークが相互に影響しながら変化を遂げていることを指摘している。

(4) 環境レベル（C-E モデル）

　ここでは環境と組織間関係の共進化が扱われる。環境は組織間関係に対して影響を及ぼすだけではなく，組織間関係の進化から影響を受けることもある。しかし，Das & Teng（2002）が述べるように，これまでのところ環境との共進化に関する研究は行われていない。

7-4 現状と展望

　これまで組織間関係の進化に関する研究の類型を見てきた。以下では，そこに見られる特徴を明らかにし，その上で必要とされる研究の方向性を指摘する。

7-4-1. これまでの研究の展開に見られる特徴

　進化に関する研究の展開の中で第1に挙げられる特徴が，分析レベルの拡大である。初期の研究は，組織間関係における内的要因，即ち各組織の戦略，個人の行動等に焦点を当てるものが多かったが，徐々に分析レベルが多様化してきていることが表7-1からも分かる。このことは，組織間関係の内的要因が重要であるだけではなく，多くの要因が関係しており，そのことが明らかになってきたことを示している。

　第2に挙げられるのが，変数間の関係の捉え方である。組織間関係の進化に関する研究が増え始めた1990年代初期および研究が盛んになってきた中期には，進化に対する影響を捉えるという，一方向的な進化アプローチに基づいて分析を行うものが殆どであった。しかし，1990年代末に共進化という枠組みで捉える動きが出始めてきた。

　環境の不確実性に対応するために特定の他組織と関係を形成する，あるいは複数の組織が協力して対応していくといった状況から，時間の経過の中でその位置づけが変わってきて組織に対する制約要因になる場合がある。第4章で述べたように，ある初期状態からの組織間関係を弱化するか強化するかという議論から，その後にその関係が変化を遂げ，組織にとって異なった意味をもたらすようになる。このことは組織間関係研究における経時的分析の意義を示しているとも言えよう。

7-4-2. 展望

　このように研究の類型化に基づく特徴から導かれる今後の展開として，以

第Ⅲ部　組織間関係のマクロ的視点

下の点を指摘できる。第1に，個別のセルでの研究が挙げられる。表7-1
における8つのセルの中では研究蓄積が少なく未発達な領域（表7-1の
C-E，C-G，C-Iなど）が存在しており，このことはその領域に対して検討
の余地があることを意味する。そして各々の領域の発達の結果，単一のセル
を越えた研究への契機にもなっていくと考えられる。

　それが第2の展開としての研究領域の拡張である。組織間関係の進化に影
響する要因の多様性を踏まえると，単一のセル内で研究を進めるのではな
く，様々なレベルの変数を含めてモデルを提示することの望ましさが存在す
る。このことを通じてネットワーク全体の問題と個別の組織間関係の問題と
の関わりなどを論じることができるが，そこで諸変数間の影響関係の存在の
有無を検討しながらモデル化していくことが重要となる[4]。レベル間を越え
たモデルの拡張以外に，組織間関係の進化に対するアプローチに関する拡張
という方向性が存在する。一方向的な視点は還元主義的な立場に立脚するの
に対して，共進化的視点では単純な因果関係では描ききれないようなプロセ
スが描かれるが，このことは，組織間関係の進化に関する研究にもパラダイ
ムの問題が存在することを意味する[5]。パラダイムの問題は包括的理解を進
める上で必須の要件であり，したがって，方法論的問題に取り組むことが求
められよう。

7-5　小括

　本章では，組織間関係の進化に関する研究の多様性を指摘し，その整理の
出発点として変数の扱い方という論点を示した。その上で進化に関する研究
の展開を，レベルとアプローチという2つの視点から整理した。そこでは，
組織レベル以外の変数を用いた研究，共進化アプローチ研究の増大が存在す
ることが示された。そしてその上で，既存研究を8つの領域に分け，それぞ
れの研究の展開について触れた。

　環境状況に応じて組織間関係が形成される。それは単に組織が環境に応じ
て変化するということだけではなく，環境に対して働きかけることも意味す
る。これによって環境変化を直接制御できることもあるが，環境変化への対

応能力を醸成するという間接的な対応も存在する。これらは異なった対応ではあるが，組織と環境との間での共進化という共通した側面も存在する。このことは，組織は組織間関係を通じて環境と共に進化をし続けていくことを意味している。

註釈

1　研究ごとで，変化，進化，発展等様々な用語の相違があるが，本章では進化という用語に統一する。

2　これら以外に，資源依存モデル，取引コスト経済学，あるいは学習といった，パースペクティブに基づく分類が存在する。それらも加えて分析することによって，より詳細な説明が可能になると考えられるが，いずれかのパースペクティブに分類できるとは限らないものも存在するために，本章では扱っていない。しかし，パースペクティブ間の関係を捉えていくことは重要な論点であるために，いずれ改めて検討したい。

3　このような捉え方は，90年代以降の科学の一潮流である複雑系の議論と関わりがある。還元論的に記述できない現象へのアプローチとして複雑系の考え方が登場し，組織論においても近年複雑系の議論を導入する動きがある。こういった動きに類似した展開を組織間関係論も見せている。

4　この点については *Academy of Management Review*, Vol. 24, No. 2, 1999. におけるマルチレベルセオリーの特集を参照のこと。

5　多元的パラダイムの問題については，本書第5章；岸田（1994）；大月（2001）などを参照のこと。

第8章

ネットワークに見る機会の創出と制約：
航空業界のアライアンス

8-1　はじめに

　グローバリゼーションの時代と言われて久しい。このことは，政治や経済で各国間の影響が互いに強く及ぶ状況になってきたことを意味するが，我々の日常にも深く関わっている現象である。例えば我々が国外に出る際の手段としては空路を用いることが殆どであり，また，物資の輸入手段としても航空機輸送は重要な輸送手段である。その意味で航空業界は，直接間接に我々に深い関わりを持っている。そして，航空業界における近年の特徴として，グローバルアライアンスを挙げることができる。これをエアラインアライアンスと呼ぶこともあるが，以下ではアライアンスと称することにする。このアライアンスは本書での第Ⅲ部でのこれまでの議論に関わるものと考えられるため，本章では航空業界のアライアンスに焦点を当て，その概要と展開を検討する。そのため，第1に航空業界の歴史と現状を概観し，航空業界の全体像の把握を行い，第2に，航空業界におけるアライアンスが自由化の流れに伴って生じてきたことを指摘する。その上で第3に，そのようなアライアンスが航空業界という業界の特徴に合致した手段であることを指摘する。そして第4に，3つのグローバルアライアンスの比較分析を行い，現状としての位置づけの違い，今後の戦略選択の拡がりの可能性を指摘する。最後に本章から導ける新たな研究の方向性について言及する。

第Ⅲ部　組織間関係のマクロ的視点

8-2　航空業界の概要

8-2-1. 航空業界：小史と現状

　航空業界という言葉は日常的に用いられる言葉であるが，航空法第二条に
おいて「「航空運送事業」とは，他人の需要に応じ，航空機を使用して有償で
旅客又は貨物を運送する事業をいう」とある。ここでは国内線・国際線を問
わず，複数の地点を結ぶ旅客輸送を事業としている会社を航空会社と呼ぶ。
現在，航空業界には非常に多くの航空会社が存在し，世界中の殆どの主要な
都市にフライトが設定されているが，その歴史は約 100 年前にさかのぼる。
世界初の航空会社としてドイツに DELAG 社[1] が誕生し，1920 年代に多くの
航空会社が次々と設立され，以後現在まで発展を遂げてきた。

　航空業界における旅客数は約 35 億 6800 万人（2015 年当時）であり，グ
ローバリゼーションの進展に伴って，90 年代はその数字を伸ばしてきた。
2001 年 9 月 11 日の米国同時多発テロを契機に旅客数は減少したものの，そ
の後は堅調な伸びをみせている（表 8 - 1）。また，今後について言えば，例
えば現在経済成長が著しい地域として BRICs が挙げられるが，これらの
国々の発展により，航空旅客数も伸びることが容易に想起できる[2]。

　現在の有力な航空会社を概観するため，旅客取扱高のランキングを見る
と，国内線・国際線合計では，上位 10 社中 5 社が米国航空会社であること
が分かる（表 8 - 2）。他方で，国際線のみのランキングでは，ヨーロッパの
航空会社が 10 社中 7 社となっている。このことから，米国内市場がいかに
巨大な市場であるかをうかがうことができる[3]。逆にヨーロッパの航空会社

表 8-1：航空旅客数の推移

	2005	2006	2007	2008	2009	2010	2011	2012	2013	2014	2015
旅客数 （百万人）	2139	2258	2456	2493	2483	2700	2864	2999	3152	3328	3568
対前年比 成長率(%)	7.1	5.6	8.8	1.5	-0.4	8.7	6.1	4.7	5.1	5.6	7.2

出所：Fact Sheet Industry Statistics, IATA 2016 より作成

第8章　ネットワークに見る機会の創出と制約：航空業界のアライアンス

表 8-2：旅客数ランキング（2013 年）

順位	国内線・国際線合計		国際線のみ	
	航空会社	人数（千人）	航空会社	人数（千人）
1	サウスウエストエアライン	112,234	ライアンエアー	79,649
2	デルタ航空	94,712	ルフトハンザドイツ航空	50,877
3	中国南方航空	79,529	イージージェット	44,601
4	ユナイテッド航空	67,776	エミレーツ航空	37,733
5	中国東方航空	67,578	エールフランス	33,693
6	アメリカン航空	65,057	ブリティッシュ・エアウェイズ	31,273
7	US エアウェイズ	47,883	KLM オランダ航空	25,775
8	中国国際航空	42,551	ユナイテッド航空	24,843
9	全日空	38,344	エア・ベルリン	23,179
10	カンタス航空	35,089	トルコ航空	22,381

出所：IATA World Airline Transport Statistics, 2013 より作成

の場合には国内市場が米国のように巨大ではないため，国際線取扱高をいかに増やせるかが競争上重要な要因の１つとなる。

8-2-2．航空業界における３つの経済と規制

　ビジネスの世界には様々な業界があり，それらに共通する性質もあれば，業界独自の性質も存在する。航空業界も同様であり，業界固有の性質を持っている。例えば，燃料価格に対して極めて敏感というコスト構造を有していること，あるいは参入障壁が極めて高い業界であることなどが挙げられる。航空業界を特徴付けるさらなる要因として，Kleymann & Seristö（2004）は，３つの経済，即ち，規模の経済，密度の経済，そして範囲の経済が機能しうることを指摘している。第１の規模の経済とは，一般的には生産量の増加にともない利益率が高まることを指し，多くの産業，特に製造業において顕著に見られる現象であるが，航空業界の場合，ある航空会社が規模の増大によって得られる規模の経済は限定的になる傾向がある。これは部分的には航

119

空会社の製品（A 地点から B 地点までの座席輸送）はサービスであり，その生産は労働集約的であり，単一の場所で実行されたり，前もって大量に貯蔵しておくことができるものではないためである。但し，ハブ空港（ハブ空港については後述する）で2つ以上の航空会社が接続している場合には，共同調達などによるメリットが存在する。

　第2の密度の経済とは，あるネットワークのサイズのもとでのサービス提供量の増大とともに発生する単位コストの低下を指す。サービス提供量が違えば，即ち同じサイズのネットワークでも例えばAとBという2地点間の就航フライト数が異なれば，飛行機がAからBに到達し，再びBからAに戻るまで時間が空いてしまう。サービス提供量が多ければ，即ちフライトの頻度が高ければ，遠隔地での長期待機を防ぐことができ，機体の有効利用に伴い効率性が高まる。また，後述するハブ空港設定に基づくスケジュールの調整などによるルートの最適化もここに含まれる。この種の経済は，アライアンスにおいて，パートナー間の調整が最適化されたり，ある航空会社が特定の路線を廃止しパートナーに委ねた場合に実現される。

　第3の範囲の経済とは，ルートシステムの拡大と深い関わりを有する。一般的な言い方をすれば，範囲の経済は，製品の多様性の増大に連れて単位コストが低下することを指し，製品が独立しているものの関連性を有している場合に生じる。航空業界で言えば，製品はサービスを提供している市場（都市）の数，航空業界の言葉で言えば，「ネットワーク規模の経済」となる。ネットワークの規模を高めることができれば，即ち就航ルートが拡大すればするほど，ある地点からの到達可能地点がより増加することになり，顧客にとって価値あるものとなる。

　このように航空業界には3つの経済が存在するが，以前はこれらは必ずしも十分には達成されていなかった。その主な理由の1つに規制の存在が挙げられる。

　航空業界は1980年代以降の20年余で大きく変化を遂げたと言われているが，その最も顕著な市場環境の変化は国際航空輸送の自由化である（Doganis, 2001）。国際航空輸送に関して，二国間主義をベースとした，就航地点，航空会社，輸送力，頻度，料金政策（価格）等に対する規制が第2

第8章　ネットワークに見る機会の創出と制約：航空業界のアライアンス

次世界大戦後に生まれ，それが長期にわたり存続してきた。これらによって，上記の経済を活かすための自由な活動が企業には与えられないという状況が続いてきた。しかしながら，そのような二国間協定システムは1970年代に入り批判を受けるようになり，こうした批判圧力によって，1977年の米国カーター政権発足を機に航空自由化が始まり，路線での輸送力や便数だけでなく，価格の自由化も進んでいった。

8-3　航空業界を巡る変化とアライアンス

　前節で述べたとおり，航空業界には長く規制が存在してきたが，本節では，第1に規制緩和によってアライアンスという現象が多く見られるようになったことを指摘し，第2にアライアンスの現状を紹介し，3つのアライアンスの比較を行う。

8-3-1．規制緩和にともなう変化

　航空業界は，経営という観点では最も国際化された産業であるにもかかわらず，所有や支配という点では非常に排他的な産業（Doganis, 2001）であり，これを指して「航空業界のパラドックス」と呼ぶことがある。このような特徴を持つ業界だが，前節で触れた規制緩和の結果として，2つの動きが生じた。第1が新規参入の増加である。1978年に航空会社規制緩和法が成立してから5，6年は多くの新規参入が米国で見られた。しかし，その後に財政基盤のしっかりした企業がそうではない企業を買収するようになった。第2が航空会社間での提携（アライアンス）の増加である。特に1990年代以降，アライアンスは盛んになり，航空業界を特徴づける要因となった（表8-3）。

8-3-2．航空業界のアライアンスの現状

　先述のとおり世界の殆どの主要都市にフライトは設定されているが，就航

第Ⅲ部　組織間関係のマクロ的視点

表8-3：航空業界におけるアライアンスの構築

	1980 年代以前	1980 年代	1990 年代以降
航空アライアンスの普及状況	非常に少ない	少ない	非常に多い
航空アライアンスにおけるアライアンスの役割	重要性は低い	中規模航空会社にとっての重要性の増加	全ての航空会社にとって必須
アライアンス構築の性質	範囲は限定 技術的な側面が多い 国家の利害に関連している場合も存在	二社間 資本関係も存在 マーケティング関連	二社間および多面的 巨大航空会社を中心とした強力なグループ化 範囲の拡大：発注，生産，ブランディングなど

出所：Kleymann & Seristö, 2004

地域は，大別するとアジア・アメリカ・ヨーロッパの3地域に，細かくは北アメリカ・南アメリカ・ヨーロッパ・中東・アフリカ・アジア・オセアニアの7地域に分けられる[4]。後者の詳細な区分にしたがって各アライアンスのメンバー会社の分布を示したものが表8-4である。

　アライアンスの主たる内容として3つの機能（コードシェア，マイレージプログラム，CRS（Computerized Reservation System））が存在する。第1のコードシェアとは，自社（A社）便の座席の一部を相手航空会社（B社）に提供して運航する共同運航便と，相手会社便の座席の一部の提供を受けて運航する共同運送便の総称である。これによってA社は販売ルートが増えることになり，売り上げの増加が見込める。他方でB社にとっては，B社の就航ルートが増えることになり，顧客利便性が高まるというメリットが存在する。

　第2のマイレージプログラムは，フライトの距離に応じたポイント（マイル）が付与されることによって，無料航空券やプレゼントへの交換が可能になる，一種のポイントシステムである。これをアライアンス加盟会社間で共通化することによって，そのアライアンスの便を積極的に利用してマイルをためようとする顧客が増え，囲い込みにつながる。

第 8 章　ネットワークに見る機会の創出と制約：航空業界のアライアンス

表 8-4：航空業界のアライアンスと地域の分布（2010 年 10 月末時点5）

アライアンス名	地　域	航　空　会　社
スター アライアンス 旅客数 454 百万人 1997 年形成	北アメリカ	エア・カナダ，ユナイテッド航空，US エアウェイズ，コンチネンタル航空
	南アメリカ	ヴァリグ・ブラジル航空
	ヨーロッパ	オーストリア航空，bmi，LOT ポーランド航空，ルフトハンザドイツ航空，スカンジナビア航空，スパンエア，TAP ポルトガル航空，スイスインターナショナルエアラインズ，トルコ航空，ブリュッセル航空
	中東	－
	アフリカ	南アフリカ航空，エジプト航空
	アジア	全日空，アシアナ航空，シンガポール航空，タイ国際航空，中国国際航空，上海航空
	オセアニア	ニュージーランド航空
ワンワールド 旅客数 351 百万人 1999 年形成	北アメリカ	アメリカン航空
	南アメリカ	ラン航空
	ヨーロッパ	エアリンガス，ブリティッシュ・エアウェイズ，フィンランド航空，イベリア航空，マレーヴ・ハンガリー航空
	中東	ロイヤル・ヨルダン航空
	アフリカ	－
	アジア	キャセイパシフィック航空，日本航空
	オセアニア	カンタス航空
スカイチーム 旅客数 393 百万人 2000 年形成	北アメリカ	アエロメヒコ航空，デルタ航空，ノースウェスト航空
	南アメリカ	－
	ヨーロッパ	エールフランス，KLM オランダ航空，アリタリア-イタリア航空，チェコ航空，エアヨーロッパ，アエロフロート・ロシア航空
	中東	－
	アフリカ	－
	アジア	大韓航空，中国南方航空
	オセアニア	－

出所：筆者作成4

123

第Ⅲ部　組織間関係のマクロ的視点

　第3のCRSとは，文字どおり，コンピュータを用いた航空会社の予約・発券システムであり，それによってスケジュールの照会の迅速化，正確性の向上，リアルタイムの空席状況表示を通じた座席管理の効率化が促進された。CRSは技術面での変化を起こしただけでなく，市場にも変化を起こした。

8-4　アライアンスの必然性

8-4-1. 分析視角

　これまでの議論では，アライアンスの生成の経緯と現状について触れてきたが，本節では，それが単に航空自由化によってもたらされたのみならず，航空業界の様々な特徴が影響したことを示す。つまり，航空業界のアライアンスの展開の方向性にはある種の必然性が存在したこと，そしてその方向性の中でも一定の制約要因が存在したことを指摘する。前者に関しては，ハブ・アンド・スポークシステムという視点から説明する。後者に関しては，組織間関係論における近年の展開の1つである埋め込みのアイデアを援用しながら説明を行う[6]。

8-4-2. プラットフォームとしてのハブ・アンド・スポーク　　　　システム

　先述のとおり，航空業界での規制緩和が進んだ結果，アライアンスの形成が促されたのであるが，それだけではなぜアライアンス以外の方法が用いられなかったのかまでは説明できない。言い換えれば，規制緩和によって，単独での成長，アライアンス，M＆A（買収合併）といった多様な選択肢が航空会社側に提供されるようになったにもかかわらず，なぜアライアンスという選択肢が多く用いられるようになったのかを検討する必要がある[7]。
　この点については航空産業の特性が影響している。航空業界の3つの経済の1つに範囲の経済が存在したが，そこに関わるのがハブ・アンド・スポー

124

第8章　ネットワークに見る機会の創出と制約：航空業界のアライアンス

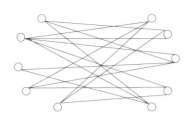
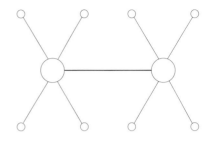

　　　　従来の路線　　　　　　　　ハブ・アンド・スポークシステム

図8-1：ハブ・アンド・スポークシステムの概念図
出所：榊原，1999より作成

クシステムである。ハブ・アンド・スポークシステムとは，ある地域や国に各地方都市からの旅客を主要都市の空港（ハブ空港）に一旦集め，そこから旅客は他地域（国）のハブ空港までのフライトに乗り換え，そこから，最終目的地の地方都市の空港に運ぶというシステムである（図8-1）。これによって，ハブ空港間では大型機を投入して旅客を大量輸送することで規模の経済性を追求できる。

　ハブ・アンド・スポークシステムのメリットとしては以下の点が挙げられる（榊原，1999）。第1に，ネットワークを使って，行くことができる目的地を増やし，顧客の利便性を高めることができる。図8-1での両システムの比較から分かることだが，2つの地域のそれぞれ5都市に就航する際に，従来の路線であれば20のフライトを設定する必要があるが，ハブ・アンド・スポークシステムであれば9本で済み，このことは同じ就航本数であれば後者のシステムの方が多くの目的地に行くことができることを意味している。第2に，協調的なスケジューリングによって待ち時間を減らすなど，利便性を高めることが可能となる。そして第3に，これらを通じて新規参入を難しくすることができる。即ち，多くの路線を有し，その上でハブ空港を中心に集約的な就航ルートが設定できる状況になければメリットを享受できない。

　先述の経済性の中で，第3の範囲の経済性との関わりで考えると以下のようになる。アライアンスによって航空会社は共同運航ルートを設定すること

第Ⅲ部　組織間関係のマクロ的視点

が可能になり，このことによって，サービスの新たな提供地点を拡大することなく，ネットワーク規模の経済を高める機会を得られる。具体的な方法として，コードシェア，共同ブランドを通じた存在感の顕示，FFP（Frequent Flyers Program：フリークエント・フライヤーズ・プログラム）[8]へのアクセスなどである。航空会社は，1つのハブで規模を増大させる代わりに，複数のハブを通じた就航ルートによって範囲の経済をよりよく増加させる。アライアンスパートナーの就航ルートを用いることで，これを迅速かつ低費用で達成できる。

このようにみると，ハブ・アンド・スポークシステムは，航空業界におけるプラットフォームの1つとして考えられる。即ち，航空会社は就航ルートの設定，航空機の保有といった決定を行った上で旅客サービスを展開するが，ハブ・アンド・スポークシステムはその土台となるものである。

ハブ・アンド・スポークシステムに関するメリットは，アライアンスを形成することによって獲得可能になる。単一の航空会社の規模が十分に大きく，世界を網羅できる就航ルートを設定できるのならば問題はないが，そのような規模の航空会社は存在しない。しかしながら，そのような規模ではなくても，多くの航空会社が集結し，アライアンスを形成することによって，目的地の大幅な増加が可能になるためである。このように，アライアンスという形態は，航空業界の産業構造に適した形態といえよう[9]。

8-4-3. 埋め込みの影響

これまでの議論は航空業界におけるハブ・アンド・スポークシステムが今日の中心的プラットフォームであり，単独の成長では達成が困難なものであることを説明するものであった。しかし，他方でハブ・アンド・スポークシステムに適合したあり方として，アライアンス以外の合併や経営統合といった方法は存在しないのかどうかを検討する必要がある。そういった問題を考察する際に，「埋め込み」のアイデアが有用であろう。「埋め込み」とは，企業の意思決定に対して及ぶ社会的影響であるが，航空業界における「埋め込み」の影響は以下のように論じることができる。

126

第8章　ネットワークに見る機会の創出と制約：航空業界のアライアンス

　第1に，アライアンスが航空自由化を1つのきっかけとして展開されてきたことはすでに述べたが，それは政策という制約から解放されたことを意味している。即ち，国家の制度の変更という，埋め込みの程度の低下がそこには見られたのである。

　他方で，アライアンスという形態にとどまっており，経営統合や合併にまで進むケースは現段階では少ない[10]。既に述べた航空自由化が進めば経営の自由度は高まるといいながらも，他方では航空会社と国家との関わりが完全になくなったわけではなく，航空会社が合併をしたくとも，当局が承認しないことによって，自由に合併や経営統合をすることができないという状況が存在する。ここでは国家の関わりという埋め込みが依然として存在しているといえよう。

　この意味で，塩見（2002）が指摘するように，アライアンスは自由化の拡大によって支えられている側面があるものの，その制度的制約があるが故に合併にまでいたっていないという側面とを併せ持っており，この点で航空業界独自の状態が成立している。

8-5　アライアンスの多様性：戦略論的・組織間関係論的比較

　前節ではアライアンスの発生には一定の必然性が存在することを指摘した。これらのことを踏まえると，各航空会社が協力し，グローバルなレベルでのシームレスネットワーク[11]を構築することが，アライアンスの最終的な目的の1つと考えられる。もしそうならば，3つのアライアンスはいずれも同質性が非常に高いものとなる。したがって，3つを比較検討し，相違点が存在するかどうか，そしてもし存在するなら，それがどのような意味を持つのかを明らかにすることは重要である。

　このような意識に基づき，本節では3つのアライアンスの間の比較を通じて，3つのアライアンスについて，戦略論的比較および組織間関係論的比較という両面からアプローチする。網羅的あるいは体系的な比較ではないが，いくつかの事実から見出せる相違点を浮き彫りにしたい。

127

第Ⅲ部　組織間関係のマクロ的視点

8-5-1. 戦略論的考察

（1）地域別シェアに基づく戦略特性

　加盟予定を除いた各地域別のシェアは表8-5に示されている。7地域の
うち，シェア10%超の地域の数はスターアライアンスが5，ワンワールド
が4，スカイチームが3と差が開いている。しかし，スカイチームは地域内
シェア30%に到達している地域は1つも有していない。これに対して，ワ
ンワールドはオセアニアで，スターアライアンスはアジアでそれぞれシェア
30%超を有している。

　2007年当時はスターアライアンスが広範囲にわたる安定的なネットワー
クを構築しているといえる。他方でワンワールドはオセアニアで，スカイ
チームは北米で突出した地域を有している。このように，アライアンスに
よって異なる特徴が存在している。これはジェネラリスト－スペシャリスト
というポピュレーションエコロジーの考え方にも関わってくる[12]ことだが，
両者の相違点を踏まえると，当初はグローバルレベルでのシームレスネット
ワークの構築が目的であったとしても，加盟企業増加の方向性としては，（1）
ある地域でのネットワークの密度を高めていく，（2）広くグローバルなシーム
レスネットワークの構築を目指す，という2つの方向性が理論的には考えら
れる[13]。

表8-5：各アライアンスの地域別シェア（2007年第1四半期）

	北米	南米	ヨーロッパ	中東	アフリカ	アジア	オセアニア
スター アライアンス	23%	1%	20%	2%	23%	35%	11%
ワン ワールド	15%	14%	11%	3%	4%	9%	32%
スカイ チーム	28%	2%	16%	0%	10%	11%	0%

出所：Star Alliance Network Scorecard 2007. を基に作成

(2) 提携（アライアンス）内容に基づく多様性

第2節においてアライアンスの経済的効果として3つを挙げたが，それ以外にも多様な項目が存在している。Doganis（2001）はそれらの項目を，「関係の進展」という点から3つに大別し，それに基づいて各アライアンスの到達段階が提示可能であることを指摘している（図8-2）。第1段階はネットワーク拡大と共同マーケティングを通して主に追加的収入を生み出す方法を

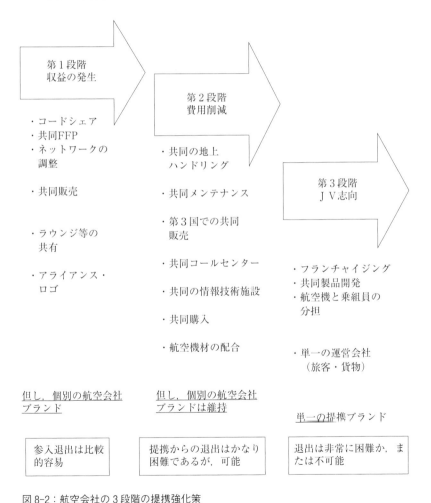

図8-2：航空会社の3段階の提携強化策
出所：Doganis, 2001

示している。第2段階は第1段階同様に業務提携であるが,費用節約ということにより重点が置かれている。第3段階は,提携航空会社が資産を一緒にし,共同してそれらを使い始めることを示す。

　このことは,アライアンスが単なるハブ・アンド・スポークシステムに合致した就航ルートの構築だけでなく,多様な協力関係のあり方を有していることを意味している。

　Doganis は実際の各アライアンスがどこに当てはまるかという位置づけを行っているわけではないが,現実にはいずれのアライアンスも第2段階に進みつつある。但し,スターアライアンスは共同購入会社の設立など,第3段階の一部にも既に着手している。

　この枠組みは,各アライアンスがどの範囲の活動を行っているかという「広さ」を理解する手がかりを与えてくれるが,各項目にどの程度積極的に取り組んでいるかという「深さ」に対する言及は行われていない。したがって,次に,「深さ」という点に関する比較を行う。アライアンスの代表的な内容の1つにコードシェアが挙げられるが,それについてのアライアンス間の比較を行ったものが,図8-3である。

　アライアンスの代表的なメリットの1つがコードシェアであるが,アライアンスにおけるコードシェアの便数に着目すると,スターアライアンスとスカイチームに比して,ワンワールドは極端に少ない。就航ルート数を他のア

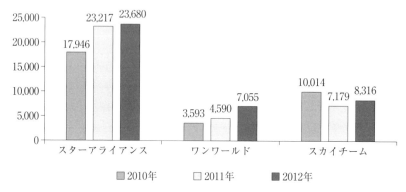

図8-3:コードシェアフライト数の比較
出所:筆者作成

ライアンスと比べた場合より，その差が非常に大きくなっている。このことから，ネットワーク資源の活用不足の可能性を指摘することができる。

このように，Doganis の段階という点での比較と，彼の枠組みを深めて各項目の有効性という点での比較を行うことにより，より多面的な評価につながる可能性がある。

8-5-2．組織間関係論的考察

ここでは，各アライアンスの構造に着目して分析を行う。航空業界のアライアンス構造について，Kleymann & Seristö（2004）は4つに分類しており（図8-4），これは組織間構造論（Provan, 1983）に概ね符合したものとなっている。以下では，これを概観した上で，各アライアンスと構造との関係，今後展開すべき論点を指摘する。

タイプⅠは，真なる多面的ネットワーク（True multilateral network）と呼ばれるものであり，意思決定の核（アライアンスの権限）は存在しない，アライアンス全体の制度化の必要性が低い，相互依存性・調整コスト・自律性

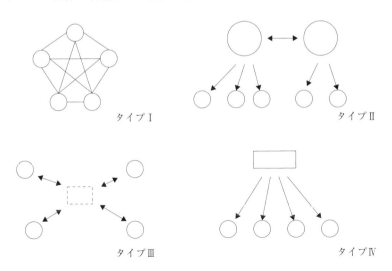

図8-4：4つの多面的アライアンス
出所：Kleymann & Seristö, 2004

の高さ，といった点が特徴である。

タイプⅡは支配されたネットワーク（Dominated network）と呼ばれるものであり，中心的な企業が存在し，それが他企業と階層的な関係を維持している点がこのタイプの特徴である。KLM オランダ航空－ノースウエスト航空の提携（ウィングス：現在はスカイチームに合流）における寡頭制がここに当てはまる。

タイプⅢは企業グループによる構造であり，連合形態（Confederation）と呼ばれるものである。ここには「共通の規範やルールがあり，個別に運営されている独立した主体の連合」という特徴が存在しており，パートナー間の個別の交渉は盛んだが，グループ全体の議論を促進する構造も存在している点がこのタイプの特徴である。

タイプⅣはアライアンスグループ自体への権限の強化が存在する，連邦制（Federation）と呼ばれるものである。連合形態とは対照的に，連邦制は中央のパワーを持ち，個々の自律性は低い点が特徴であり，ネットワークの管理，ブランドマーケティング，調達などがアライアンス管理会社によって行われる。

Kleymann & Seristö も各アライアンスの構造上の位置づけに言及しているものの，明確にされていない点もあるため，ここで現在の状況に基づいて位置づけを行う。

スターアライアンス，ワンワールドはアライアンスの本部を有している。本部は完全な権限を有しているわけではないが，本部を通じて各加盟会社の活動の調整が行われている。このため，両アライアンスはタイプⅢに分類される。これに対して，スカイチームは本部を持たずに各加盟会社が調整を行っているため，タイプⅠに位置づけられる[14]。

このように見ると，航空会社間でのコミュニケーションのあり方も，どの組織間構造を選択するかによって異なり，タイプⅠであれば多様なインターフェースを許容するような，残りの３つのタイプにおいては，インターフェースの多様性が削減されるような形でのアーキテクチャとして捉えることができる。

8-6 航空業界のアライアンス

　本章では航空業界に焦点を当て，その展開と内容に論及してきた。そこでは，ハブ・アンド・スポークシステムという就航ルートのあり方が航空業界の基本構造として位置づけられ，その上で航空会社のサービスが展開されていることを指摘した。但し，現在の航空業界を見ると，ハブ・アンド・スポークシステム全体を1社で完結させている航空会社は存在せず，アライアンスという方法が採用されている。それら3大アライアンスを概観すると，その内容やアライアンス内の関係のあり方に違いが存在している。その中でも違いを浮き彫りにするために，戦略的側面と組織間関係的側面から3大アライアンスの比較を行った。その比較を通じて，これまで明示的にされてこなかったが，アライアンス間に地域別シェアの差といった戦略面での違い，関係の強さや構造といった組織間関係面での相違があり，それらの中にはアーキテクチャに関わる部分での相違も存在することが明らかとなった。そのような違いは各アライアンスが当初より意図したものではないであろうが，今後の方向性の多様さを図らずも示しているのではないだろうか。

　以上が本章の議論を通じて明らかになったことであるが，多様なトピックについて触れたために，今後検討すべき課題も存在する。第1が，戦略・組織間関係両側面の適合関係である。本章での分析はそれら両面から個別に行ったものであり，両側面の適合関係にまで踏み込んではいない。第2に，歴史性の影響についてのさらなる検討の必要性がある。4つの構造の発展段階モデル，個々の航空会社のアライアンス選択に対する過去の経緯の影響などを検討することによって，第1の課題で述べた一般性に対して特殊性を明らかにすることができるためである。

第Ⅲ部　組織間関係のマクロ的視点

8-7　アライアンスにおける機会の創出と制約，そして環境との共進化

8-7-1. アライアンスにおける機会の創出と制約：埋め込みとの関わり

　航空業界は非常に不確実性の高い業界の1つである。日本であればJALとANAがし烈な競争を繰り広げる一方で，国際線であれば，国内企業だけでなく，フライトルート先の国の航空会社との競争が待ち受けている。その中で，大規模航空会社が倒産することも珍しくない。

　航空業界のビジネスは，フライトルートを設定し，旅客や貨物を運ぶことを中心として展開するが，当然そこでは安定的需要の確保が課題となり，言い換えれば不確実性の源泉となる。

　ここで，旅客に目を向けた場合，単一の航空会社のみで顧客の望むルートすべてにフライトを設定することは不可能である。その中で形成されたのが，グローバルアライアンスである。これによって，世界規模でのフライトルートのカバーを推進することができ，これまでであればライバルであったかもしれない航空会社との歩調を合わせることによって，競争を低減することもできる。この意味で環境の安定化を中心として不確実性を減らすことができた。

　このような形での機会の創出はアライアンス未加入の航空会社にとっては非常に魅力的であり，メンバーは増加の一途をたどってきた。その結果，アライアンス全体としてはメンバー増によってカバー就航ルートが増え，密なネットワークになってきた。この点でネットワーク全体としては当初の目的に着実に近づいているが，他方で，メンバー企業の増大による内的な課題も生じるようになってきた。例えば就航ルートのスケジュール設定に目を向ければ，フライトルートのネットワークがタイトになれば，1つの航空会社のフライトの変更によって，他のネットワーク内他社のスケジュールも再考する場合も増えてくる。このように，調整の必要性の高まり，そしてそれを踏まえた上での積極的変化の意欲の低下が生じる可能性がある。このように既存関係による調整量の増加という，埋め込みの「量的側面」ともいえる状況

第 8 章　ネットワークに見る機会の創出と制約：航空業界のアライアンス

が生じる。他方で，Sydow et al.（2016）が論じたように，メンバー増の中でアライアンス内での目的の多様化という状況が起こっている。これはメンバー企業の多様性を反映したものであり，それによる下位目的間のバランスをどのようにとるかという点での調整や運営の難しさが生じるようになってきた。調整すべきポイントの多様化という意味で，埋め込みの「質的側面」ともいうことができるだろう。

8-7-2．アライアンスと環境との共進化

　埋め込みに関する議論は第 6 章との関わりで検討したが，本章での事例は，第 7 章の共進化の議論とも関わりを持つものと言えよう。

　2 つの変数間に相互に影響しあうような関係が存在する状況に対して共進化という表現を用いたが，今回の事例であれば，アライアンスというネットワークの変化と，環境の変化という視点でとらえることができる。

　先にも見たように，アライアンスの形成は，世界規模でのフライトルートのカバーを目的としたものである。1993 年にノースウエスト航空と KLM オランダ航空との間で現在のアライアンスの原型ともいえる「ウィングス」が形成された。その後，1997 年にスターアライアンスが形成され，グローバルアライアンスというあり方が明確になった。言い換えれば，顧客にとっても航空会社にとっても，航空業界のグローバル化の意味や方向性が確立されたといえよう。市場はその便利さゆえにグローバルアライアンスが提供するフライトルートを求めるようになっていった。このような環境変化によって，1999 年にはワンワールドが，そして 2000 年にはスカイチームが次々に形成された。その間，スターアライアンスもメンバー企業を増やしていった。

　このようなアライアンス側の変化を受けて，航空業界はアライアンス間の競争という形へと業界の姿を変えていった。ルートの設定に加えて，FFP などを通じた顧客の囲い込みといった面も重要性を高めていった。そしてメンバー数の増加の中で，先に見たように各アライアンスは地域ごとの強みといった特徴を持つようになり，それに基づいた行動や戦略を考えるように

なった。

このように，アライアンスというネットワークの展開と，航空業界という環境との間には，お互いに影響を及ぼしあいながら変化していくという共進化の面が存在している。

註釈

1　Deutsche Luft Hansa Aktiengesellschaft の略称である。

2　これら4カ国の合計で全世界人口の4割近くを占めているが，名目 GDP の合計は世界全体の1割にも満たない。したがって，今後の高い成長が期待できる。

3　このことを示す他のデータとして日米比較のデータがある。2003 年の国内線の定期輸送の旅客キロについて，日米で比較すると，日本が 736 億 6000 万人キロであるのに対して，米国が 7569 億 3000 万人キロであり，約 10.2 倍もの差がある（塩見，2006）。

4　2004 年 9 月発表のプレス資料 "Star Alliance network comparison information based on IATA 2003 data and projected 2004 Q4 schedule" に基づいている。

5　各アライアンスの加盟航空会社は増加の一途を辿っており，常に最新のデータを追う必要がある。

6　埋め込みの議論について，第 6 章を参考にされたい。

7　ここでの考え方は，岸田（1985）が論じた，組織が取り囲む環境に対応する際の戦略に依拠している。そこでは，そのような戦略として，自律的戦略（競争，P.R. 活動，社会的責任に代表される自発的対応など），協調戦略（暗黙の協調，提携などの交渉・契約，兼任重役，JV），戦略的工作（水平的合併，垂直統合など）の3つが代替的なものとして位置づけられている。

8　一般的にはマイレージプログラム等と称されることも多い。

9　しかしながら，合併または戦略的提携（アライアンス）によって，航空会社の独占的な価格決定が強化される場合には，輸送量の増加が抑制され，経済性が損なわれる可能性もある（村上・浦西，2006）。

10　但し，2004 年 5 月のエールフランスと KLM オランダ航空との経営統合といった例外もある。

11　シームレスとは訳せば「継ぎ目のない」となり，航空業界の就航ルートに関して言えば，幅広い地域を網羅することを意味する。

12　類似の指摘は Kleymann & Seristö（2004）によっても行われているが，彼らは各航空会社の戦略という視点での議論を行っている。

13　各アライアンスのこれまでの戦略はここでは考慮に入れていない。このことはそれらの戦略的意図とは別に，マーケットシェアの分布の相違についての現状から指摘できる方向性が存在することを意味している。

14　しかし，Kleymann & Seristö は，ウィングス合流以前のスカイチームはタイプ II であったと論じている。このことは合流以前のスカイチームにおける中心的存在は，旅客数などからエールフランス，コンチネンタル，デルタの3社であったと考えられるが，そこに KLM オランダ航空とノースウェストが合流したことにより，中核的役割が分散して，タイプ II よりもタイプ I に近づいたと考えられる。

終章

組織の環境と組織間関係

1 本書の全体像

　本書の目的は，「組織を取り囲む環境は，組織間関係という視点からどのように捉えることができるのか」を理論的に明らかにすることであった。

　第Ⅰ部では，組織間関係論の登場とその意義についての分析に着手した。組織間関係論は，その登場以前の組織論での環境理解に対して，少なくとも以下の視点を付加してくれたことを第1章で明らかにした。第1に環境を広く全般的なものと捉えていたそれまでの議論に対して，環境内の他組織という個別性の重要性を指摘した。第2に環境決定論を打破した。第3に組織の境界の曖昧性を明らかにした。

　そのような性質を持つ組織間関係論であるが，第2章ではその中心的な理論である，資源依存パースペクティブ（RDP）およびその集大成とされる *The External Control of Organizations*（ECO）についてのレビューを行った。資源依存と呼ばれるように，他組織との相互依存性が鍵概念として挙げられることが多いが，必ずしも相互依存性のみが中心的概念ではなく，また相互依存性の意味についても近年新たな問いかけがなされたことが明らかとなってきた。このことは，RDP自身の検討を通じた，組織間関係のミクロ的視点に基づいた分析につながり，同時にRDPと他の組織間関係論との関わりを示すことにつながる。

　第Ⅱ部では，組織間関係のミクロ的視点に関わる議論を進めていった。RDPにおいては，相互依存性が鍵概念と言われつつも，不確実性の問題にどのように対処すべきかという論点がその根底にあることが明らかとなった。

その上でRDPと近年の組織間関係と関連を有する研究との関係に目を向けると，そこには深い関わりがあることが明らかとなった。具体的には以下の2つの論点である。第1が，環境観の違いであり，即ち，環境を制御対象として捉えるか，直接制御をすることは困難であることから追従対象として捉えるか，という違いである。前者であれば，環境の安定化のための働きかけの対象としての組織間関係という面が強調され，後者であれば，機会の創出，能力の伸長のための機会としての組織間関係という議論につながる。第2が，環境のミクロ的側面への着目かマクロ的側面への着目かという違いであり，これは第Ⅲ部で議論することになる。

安定化‐追従という使い分け，そして組織間関係の強化‐弱化という使い分けは，組織間関係論における極めて重要な理論的課題であった。組織間関係の強化と弱化に対して及ぼす影響については，一見矛盾しているような，様々な議論が行われてきたことからもそれが分かる。

組織は不確実性に直面した際に，(1) 他組織との関係を通じて環境変化の安定化を図る，(2) 変化に対応するための柔軟性の獲得を図る，(3) 既存のパートナーから直接生じる問題から離れる，(4) そして変化への対応の際に，役割を果たせないパートナーとの関係を見直す，といった行動をとる。このことは，組織間関係が多様な役割を持つことを意味している。本書では，不確実性への対応について，そもそもどのような関係に基づいた行動なのかという初期状態の視点，焦点組織の直面する環境とパートナー組織の能力との関わりという視点，不確実性への対応が安定化と柔軟な対応のいずれの目的を持つのかという視点に基づき分析を進めてきた。他方で，特に強化するのか弱化するのかという点については，組織としての意味づけが深く関わることも明らかにした。

意味づけについては，組織を取り巻く状況を規定する要因に議論を拡張した。即ち，あいまい性，多義性，不確実性，そして相互依存性といった，異なった理論で用いられてきた概念を包括することによって，組織で生じる様々な事象に対する理解が深まると考えられたためである。その中でマルチパラダイムの知見を用いて，経時的な視点から様々な理論モデルを解釈し，包括的な説明を行った。そこでは組織間関係の何が問題になっているのかが

非常に不明瞭な段階から（あいまい性），問題に関していくつかの解釈が存在する段階（多義性），そして問題が設定されそれに対する解が探索される段階へと至り（不確実性），その意味づけに応じて組織間関係への働きかけが行われる（相互依存性）。この一連のプロセスの中で，組織間関係の強化－弱化の選択についての意味づけが行われる。

　このような意味づけを経た上で，組織は環境内の特定の他組織への働きかけを通じて，環境の不確実性に適応するが，その適応はある単一の他組織との関係だけではなく，複数の組織との関係を形成しながら適応が図られる場合もある。第Ⅲ部の第6章では埋め込みの議論に着目した。様々な他組織との関わりが，焦点組織の行動にとって制約要因として機能するという主要な論点はあるが，脱埋め込みという発想が生じてきている点も，他組織を制約要因であると同時に働きかけによる不確実性への対応のための手段としても捉えるRDPと共通性を有していることが明らかとなった。その脱埋め込みとは環境への働きかけの1つの側面であり，組織間関係論においては「進化」あるいは「共進化」という論点と関わりを有する。

　組織間関係の進化に関する研究も多種多様であるが，第7章では進化に関する研究の展開をレベルとアプローチという2つの視点から整理し，変数レベルの多様化と共進化アプローチ研究の増大という特徴を示した。組織が環境に応じて変化することと同時に，環境である他組織に対して働きかけることの意味を明示したのが組織間関係論であるが，その働きかけの中で組織は組織間関係を通じて環境と共に進化をすることもまた明らかとなった。

　その論点と関わる現実的事象として，第8章では航空業界のアライアンスを扱った。世界規模でのフライトルートのカバーを目的として形成されたアライアンスであったが，アライアンスが次々に形成され，航空業界においてはグローバルアライアンスというあり方が標準となった。その結果，アライアンスの形成からアライアンス間の競争への業界構造の変質という環境の進化が生じ，アライアンス側はルートの設定だけでなく，FFPといった顧客の囲い込みにも注力するようになっていき，他方でアライアンスメンバー航空会社の増加の中で，各アライアンスの地域ごとの強みといった特徴の違いも生じるようになり，それに基づいた行動や戦略を考えるようになった。この

第Ⅲ部　組織間関係のマクロ的視点

ように，環境と組織間関係の間の共進化が見られるのが航空業界の特徴である。

以上が本書の全体像である。

2　組織の環境と組織間関係

組織はそれを取り巻く環境との関わりの中で存続や成長のために活動をしている。それは従来の組織論においても十分に論じられてきたが，組織間関係論は，環境は制約であると同時に機会であることを明示した。そしてRDP を含む様々な理論の検討を通じて，環境に働きかけることの意味が明らかとなってきた。直接的にある環境要因に働きかけるという側面と，変化をもたらしている環境そのものに直接働きかけるわけではないけれど，その環境変化に追従するための関係形成という間接的な側面とが存在する。吉田（2004）は安定性と柔軟性獲得という説明を行っているが，環境との関わり方という点で捉えると，直接的対応と間接的対応として理解することができる。

それに加えて，既存関係をよりタイトなものにするのか，あるいはルースなものにするのかという決定においては，そもそもその環境がどのような状態であるか（初期状態），そしてそれをどのように意味づけるかが重要である。その意味づけにおいては，環境との共進化という側面も影響してくる。環境への対応のために形成した組織間関係が，さらなる環境変化を促すという側面である。環境状態への対応→組織間関係の形成→新たな環境変化→組織間関係の変化（強化・弱化）→…と，一方が他方を規定するのではなく，お互いが影響を及ぼしながら変化を続けていくのが，組織間関係と環境との関係なのである。

このような関係がダイアド（ミクロ）レベルでも，ネットワーク（マクロ）レベルでも観察されることを明らかにしてきたが，両者の関係についての若干の考察を最後にしておきたい。

本書でそれぞれのレベルでの議論を行ったものの，両者の間の相互作用については，さらに言及の余地があるだろう。ミクローマクロ問題は本書の課

終章　組織行動の理解のための環境理解

題でもあり，組織間関係論としての課題でもある。ミクロレベルでもマクロレベルでも観察されるものであり，そしてそこに複雑な関係が存在しうるということは，組織間関係という現象が多面的であることの証左であるが，それを理論的に検討するために，本書で焦点を当てた不確実性という概念について，最後に再検討してみたい。

　不確実性という概念は組織論から組織間関係論へと用いられるようになったことは既に触れたが，組織論における議論の一例として，Duncan（1972）の見解をみてみよう。彼は組織を取り囲む環境の次元を，単純−複雑の次元と，静態−動態の次元という2つに分類し，環境類型を4つに分類し，単純で静態的な環境では認知される環境の不確実性は最も低く，逆に，複雑で動態的な環境では認知される環境の不確実性が最も高くなることを指摘している。ここに見られるように，組織によるそれを取り囲む環境全体についての状態認識に関連して不確実性という概念が用いられている。

　他方で組織間関係論においては，視点のぶれが存在している。例えばPfeffer & Salancik（1978）は，JV形成に関して次のように述べている。「企業がJVに取り組む傾向は，不確実性削減のための必要性と，企業間のつながりを通じて効果的にそれを行うことの可能性の関数である」と。ここで，産業構造はマクロな全体環境を指しているが，組織間関係を通じて効果的にそれを行うことはミクロな個別組織との関係である。即ち，組織間関係論においては，焦点組織によって全体環境についての意味づけが行われ，その中で重要な他組織に対する働きかけがなされ，結果として全体環境が焦点組織にとってより望ましいものとなるという議論が行われている。このように，組織間関係論の課題として全体環境と個別環境との錯綜が挙げられる。

　また，初期の組織間関係論の多くが関係の形成に向けての動機，関係の形成による効果といった点を中心に議論を行っており，そこでは全体環境への着目が出発点であった一方で，近年のアウトソーシングや系列解消といった議論は既存の関係に伴う諸問題を扱うといった側面を有していることから，不確実性が組織間関係に及ぼす影響についての議論の混乱が90年代以降現れてきたと考えることができる。

　これまでみてきたように，組織論では環境全体を捉えながら不確実性の問

題を考えてきた。それに対して組織間関係論では，個別の他組織との関わりの中でも不確実性を論じるようになってきた。このように，組織論から組織間関係論への議論の転換の中で環境全体から特定の他組織へと不確実性のレベルを落としこみ，そして組織間関係論自体もダイアドからネットワークへと拡がる中で，不確実性の多面性が生じたといえるだろう。

　不確実性という点から多面性の問題を論じてきたが，少し飛躍して言えば，組織論あるいは社会科学とはその対象の多面性にどのように取り組むのかを示す学問領域であるとも言えよう。統計，事例，歴史など，様々なアプローチがあり得るが，本書は理論的検討を中心に取り組んできた。（最後の一文は未完。）

終わりに

　私は，歴史小説の中の国と国との関係に対して興味があった。それと現代の組織間関係には共通の原理が機能しているのだろうか。

　かつての組織間関係は安定化がメインだったのではないだろうか。不戦条約，学習といった側面は多くはなかったと考えられる。本書での議論で記したように，環境変化を直接的にコントロールできない場合に，変化対応型の組織間関係が形成される。

　そのことは，現代組織が激しい環境変化の渦中にあり，存続が難しい時代になったという事実を反映しているだろう。だからといって愁いの気持ちでそれを論じるということではない。他組織との関係を通じて，これまでの自組織のあり方を見直し，新たな知識を吸収し，よりよい組織に変わっていくことが可能になるというポジティブな面があるからである。更に言えば，激しい環境変化の渦中にあると記したが，新しい環境変化，即ち新しい市場，大げさに言えば新しい世界を創り出す機会としての大きなポテンシャルを持つのが組織間関係だと言えよう。

　本書の構想は10年以上前からあったものの，なかなか上梓できずにいた。自身の怠慢が最大の理由であったが，どうしても納得のいかない部分が解決できないまま月日が過ぎていたためである。その中で，組織学会には大変お世話になった。2012〜13年の組織論レビューの企画では高橋伸夫先生には，レビューのあり方，自身の足りない点などを教えていただいた。そして2015年の組織科学における『組織論・戦略論の理論的検討』企画ではシニアエディターであった淺羽茂先生に，ご指導という言葉が相応しいお付き合いをいただき，理論的な世界のみで議論を完結することができた。両先生からの厳しくも温かい，そして何より的確なご指摘の中で，何とか本書の出版が見えてきた。

　そしてそれが進むきっかけになったのが，一宮市立市民病院での2016年7月末〜8月初旬にかけての入院生活であった。お世話になった主治医の谷口

俊雄先生，本当にありがとうございました。自覚症状がそれほどないにもかかわらず，しっかり検査と治療を行う必要性があることから入院を勧められ，調べていただき，非常に分かりやすくご説明いただく中で自身のQOLを改めて考えることができました。また，看護師の皆様にもお世話になりました。自覚症状のなさゆえに病室から頻繁に出歩き売店などに出かけ，心電図モニター圏外に何度も消えてしまい，ご心配やご迷惑をおかけしたことと思いますが，皆様の親身のケアのおかげで病室での本書の原稿執筆が非常に捗りました。3A病棟1325室は病室でありながら，私にとっては書斎ともいえる場所でした。

　このような流れを経て出版できた本書ですが，自身の研究者半生を振り返ってみると，やはり恩師である岸田民樹先生の薫陶を受けることができたことは，言葉では表現しきれないほどの幸せだったと思います。概念だけではなく，論文中で何気なく用いる言葉の1つ1つにも逡巡される姿は，まさに背中で伝えるものでした。そして理論研究の重要性やそのあり方を教えていただきました。論文がなかなか進まない時でも温かく見守ってくださり，親身にご指導していただいたことには，感謝してもしきれない気持ちでいます。

　そして内藤勲先生には院生時代から研究会等でお世話になりました。

　その後ご縁があって奉職させていただいた愛知工業大学では，良き先生方に囲まれて過ごすことができました。着任当時の学部長であった鈴木達夫先生との思い出は尽きることがありません。「研究者の道に進んだ人間には2人の父がいる。1人目が実際の父親であり，2人目が指導教官である」と聞いたことがありますが，私にとって鈴木先生は3人目の父でした。多くは語らずとも私の研究を応援してくださり，学務で困ったことがあれば的確なアドバイスを出してくださった。そんな鈴木先生からの指示があれば私の「無関心圏」は一気に広くなり，バーナードの議論が生き続けていると実感したことも度々でした。また，同じ部活動のメンバーであるかのようだった後藤時政先生，吉成亮先生，そして自分にとっては頼れる兄のような存在であった石井成美先生をはじめとして，先生方・事務の皆様全員が経営学部という家族のようでした。

在外研究時の S. Jacoby 教授への感謝の気持ちも記させていただきたい。1年間での UCLA での時間は私だけではなく，家族にとってかけがえのない日々でした。美しい大学，ロサンゼルスの快適な気候，大らかな人々…帰国せずに暮らせたらと毎日思うほどでした。

その後，Jacoby 教授が深く関わっておられる同志社大学での奉職のご縁をいただきました。着任に際してご尽力いただいた加登豊先生にも深い感謝の気持ちを抱いております。分野は異なるものの，その非常に広く深いご見識，研究科長としての的確なリーダーシップ，そして気さくなお人柄に，常に深い尊敬の気持ちでお話しさせていただいていました。

このように振り返ると私の研究者人生は，素晴らしい人々に囲まれていたと，改めて感じ，この道に進んで本当に良かったと思っています。そのきっかけとなったのは，両親の存在と後押しでした。分野は多少違えども，大学で教鞭をとっていた父・小橋哲から受けた有形無形の影響は計り知れず，研究者という世界の魅力をいつしか強く感じていました。そしてその道に進むことについては，父だけでなく母・桂子も優しい眼差しで応援してくれ，私は迷うことなく研究者の世界に足を踏み入れることができました。

最後に，妻・有紀と2人の娘である理央と史佳にも深い感謝を伝えたいと思います。いわゆる「育メン」として良き夫，良き父になれればと思いながらも，研究や講義のデッドラインが近づけば，心ここにあらずの状態になったり，書斎にこもったり，不規則な生活リズムになったりといったことがあったと思います。そんな時ほど家族との時間は良き気分転換となりました。ありがとう。

小橋　勉

解題

　資源依存論の立場から，組織間関係論を確立したのは，Pfeffer, J & Salancik, G.R., *The External Control of Organizatons*（1978）Harper & Row である。

　日本の研究者の第一世代は，佐々木利廣（1990）『現代組織の構図と戦略』中央経済社，山倉健嗣（1993）『組織間関係』有斐閣，吉田孟史（2004）『組織の変化と組織間関係』白桃書房，である。華々しく登場する筈であった第二世代の筆頭が小橋勉君であった。「筈であった」というのは，2016年の暮，彼は若くして神に召されたからである。このたび，寺澤朝子教授（中部大学），趙偉教授（中部大学）および藤川なつこ准教授（神戸大学）の編集によって，本書は世に出ることとなった。目次は，以下のとおりである。

　第1章　組織行動の理解のための環境理解
　第2章　組織の環境の理解に向けて：
　　　　　資源依存パースペクティブの検討を通じて
　第3章　環境観：相互依存性と不確実性
　第4章　不確実性と組織間関係：組織間関係の使い分け
　第5章　組織間関係についての意味づけ
　第6章　マクロ的視点としての埋め込みアプローチ
　第7章　組織間関係のマクロ的進化：レベルとアプローチの視点から
　第8章　ネットワークに見る機会の創出と制約：航空業界のアライアンス

　第1章では，組織と環境の関係を理解する際に，組織間関係を明らかにすることの重要性が述べられる。第2章では，資源依存モデルの観点から，資源に関わる問題から生じる依存性が，組織の生存にとって重大であることが説明される。第3章では，環境を捉える際の概念としての（相互）依存性と不確実性の関係が指摘され，環境の安定化と変化する環境への適応という2つの側面が組織間関係にあることが強調される。第4章では，不確実性を弱

化あるいは強化してタイトな組織間関係やルースな組織間関係を結ぶことが主張される。第5章は，あいまい性，多義性が不確実性と依存性に与える影響を明らかにしている。第6章では「埋め込み（Embedded）研究」の多様性として，制約要因としての環境という指摘から，脱埋め込みへの発想が生じることが指摘される。第7章は，組織間関係のマクロ的進化および共進化の側面に触れ，組織が組織間関係を通じて，環境と共に進化し続けていくことを述べている。第8章では，航空業界のアライアンスを例にとって，そのアライアンス間の競争へと航空業界が姿を変えていったことが説明される。終章において，本書は組織を取り囲む環境が組織間関係として，どのように捉えられるかを明らかにしたこと，環境は制約であると同時に機会であること，組織論から組織間関係論への移行に伴い，全体環境だけでなく，個別環境との意味づけを問題にして依存性と不確実性の諸問題に取り組んできたことを述べて締めくくりとしている。

　本書は，小橋君のデビュー作であり，遺著である。また，師弟の長き語らいの産物でもある。
　第一に，組織間関係論の対象となる環境は，環境から組織への影響（Emery & Trist, 1965）（L_{21}）と組織から環境への影響（L_{12}）である。これは，本書第2章で触れられているとおり，Pfeffer & Salancik（1978）の書名にある"of"の解釈に関わる。「組織が外部環境をコントロールしているととれば，L_{12}を示し，外部環境が組織をコントロールしているととれば，L_{21}を示す」ことになる。後者は環境決定論的な側面を表し，前者は組織の主体的な環境操作的な側面を表す。
　第二は，小橋君と私の立場の差異である。小橋君は，資源の依存性から不確実性への対処を主張する立場であり，私（＝岸田）は，情報の不確実の削減を通じて不確実性への対処を主張した。日本の系列のような，協力関係の構築による不確実性への対処という点からみれば，小橋君の立場が納得的であろう。私は，競争を通じての依存性の削減による不確実性への対処を主張した。
　今，社会関係資本論の構造次元（ネットワークの疎―密）と関係次元（紐

帯の強―弱）を 2 つの次元として，4 つの組織間関係のタイプを分類するなら，市場型（密―弱），戦略提携型（疎―弱），系列型（疎―強），内部組織型（密―強）を識別することができる。

ここに，戦略提携型を，競争を通じて不確実性を削減すると考えるなら，これは私の立場に近い。しかし，系列型では，依存性を増大させて不確実性を削減すると考えるなら，小橋君の立場に近いと言える。系列型は日本の組織間関係を示し，戦略提携型は，アメリカの組織間関係を示すようにも見える。ただし，トヨタ・グループは近年系列への傾向を強めて内部組織型へ接近しているようであるが，逆に日産・グループは系列を離脱して，戦略提携型に近づいているようにみえる。しかもトヨタ・グループ内でも，「複数発注」の場合には，一方では，競争・市場を通じてコスト低減を図りながら，他方では，相互依存性を利用して，「原価企画」によって「管理者的」にコントロールしていると言える。

小橋君は，当時既に Pfeffer & Salancik（1978）の下訳を終えて，資源依存論を深く理解していた。したがって，日本の組織間関係論の本格的な展開が幕を開ける筈であった。

今後の組織間関係論の研究者にとって本書は，是非繙くべき著作であり，その際に師弟の長き「語らい」があったことに思いを馳せていただければ幸いである。

2018年7月　　岸田民樹

千種袖濡亭にて

あとがき

　小橋先生（享年44歳）の初の単著の原稿の存在は，ご逝去された後，ご家族から伝えられた。PC に残されたファイルは，未完成ながらも，単著として出版するには，十分な内容と分量があると大学院指導教授であった岸田民樹先生が判断され，小橋先生と共同研究を続けてきた中部大学の趙偉先生，神戸大学の藤川なつこ先生とともに刊行委員会を発足した。「はじめに」については，メモのみ残されており，残念ながら本書に入れることはかなわなかったが，その他の原稿については，図表や参考文献等を補うことで，すべて本書として実現している。

　単著出版のため，あらためて小橋先生の研究成果を拝読させていただいたが，本書は膨大な文献渉猟からの引用と展開，独自の視点からの組織間関係論，組織学習論，ネットワーク研究の整理，航空業界のアライアンスに関する実証的分析など，彼の研究者としての地道な積み重ねが結実したような内容である。これからの研究の発展が楽しみな非常に優れた組織論者であっただけに，早逝が悔やまれてならない。

　岸田民樹先生が解題を執筆され，趙，藤川，寺澤が全体の編集作業を行った。本文に引用されている参考文献の探索に関しては，愛知学院大学の古澤和行先生に多大なご助力をいただいている。また，実父の名古屋商科大学名誉教授・小橋哲先生からのご指摘や，実母・小橋桂子氏からの表紙絵デザインのご提供があったことも申し添えておきたい。

　残された原稿の校正作業は，小橋先生と親しかった刊行委員会のメンバーには，もちろんやりがいもあったが，時に悲しく辛い作業であった。本人に確認することができない状態で，加筆修正を行う際には，心の中で，在りし日の小橋先生と研究会を開いて，作業を進めた。ご自身の研究には厳しいハードルを課していたが，研究者仲間には，いつも寛大で優しく，誰にも分け隔てなく，研究の助言をし，就職のサポート等をしてくれた彼である。きっとわれわれの校正作業に至らない点があったとしても，笑って赦してく

あとがき

れるにちがいない。たとえそうであったとしても、本書の校正作業上の不備
は、刊行委員会がすべて負うものである。

　この度の出版に関しては、白桃書房の平千枝子氏に背中を押していただい
た。生前の小橋先生とも親しかった同氏は、単著出版の申し出を快く引き受
けてくださった。彼女がいなければ、本書が日の目を見ることはなかったで
あろう。この場を借りて心から謝意を表したい。

　最後に、小橋先生が難病と闘いながら仕上げたこの貴重な単著が、ご家族
を始め、関係者の方々に届くことで、彼の人柄と業績を偲ぶよすがになるこ
とを心から願ってやまない。

刊行委員会

中部大学　寺澤朝子

参考文献

＜英文文献＞

Aldrich, H. E.（1976）. Resource Dependence and Interorganizational Relations between Local Employment Service Offices and Social Services Sector Organizations. *Administration and Society*, 7（4）, pp.419-454.

Aldrich, H. E.（1979）. *Organizations and Environments*. Englewood Cliffs, NJ: Prentice-Hall.

Aldrich, H. E.（2008）. Preface to Classic Edition. In *Organizations and Environments*. Stanford, CA: Stanford University Press, pp.xv-xxvi.

Aldrich, H. E., & Mindlin, S.（1978）. Uncertainty and Dependence: Two Perspectives on Environment. In L. Karpik（ed.）, *Organization and Environment*. Beverly Hills, CA: Sage.

Aldrich, H. E., & Pfeffer, J.（1976）. Environments of Organizations. *Annual Review of Sociology*, 2, pp.79-105.

Allison. G. T.（1971）. *Essence of Decision: Explaining the Cuban Missile Crisis*. Boston, MA: Little Brown & Company（宮里政玄訳（1977）『決定の本質』東京：中央公論社）.

Ariño, A., & de la Torre, J.（1998）. Learning from Failure: Towards an Evolutionary Model of Collaborative Ventures. *Organization Science*, 9, pp.306-325.

Auster, E. R.（1994）. Macro and Strategic Perspectives on Interorganizational Linkages: A Comparative Analysis & Review with Suggestions for Reorientation. *Advances in Strategic Management*, 10（1）, pp.3-40.

Barnard, C. I.（1938）. *The Functions of the Executive*. Cambridge, MA: Harvard University Press （山本安次郎・田杉競・飯野春樹訳（1968）『経営者の役割』東京：ダイヤモンド社）.

Barnes, J. A.（1954）. Class and Committees in a Norwegian Island Parish. *Human Relations*, 7（1）, pp.39-58.

Barnett, W. P., Mischke, G. A., & Ocasio, W.（2000）. The Evolution of Collective Strategies Among Organizations. *Organization Studies*, 21（2）, pp.325-354.

Bartlett, C., & Ghoshal, S.（1989）. *Managing across Borders: The Transnational Solution*. Boston, MA: Harvard Business School Press（吉原英樹監訳（1990）『地球市場時代の企業戦略』東京：日本経済新聞社）.

Bartlett, C., & Ghoshal, S.（1992）. *Transnational Management*. Pennsylvania, Plaza, NYC： McGraw-Hill Education（梅津祐良訳（1998）『MBA のグローバル経営』東京：日本能率協会マネジメントセンター）.

Beamish, P. W., & Lupton, N. C.（2009）. Managing Joint Ventures. *Academy of Management Perspectives*, 23（2）, pp.75-94.

Bertalanffy, L.（1968）. *General System Theory: Foundations, Development, Applications*. Broadway, NY: George Braziller（長野敬・太田邦昌訳（1973）『一般システム理論：その基礎・発展・応用』東京：みすず書房）.

Bott, E.（1955）. Urban Families: Conjugal Roles and Social Networks. *Human Relations*, 8, pp. 345-384（野沢慎司編・監訳（2006）『リーディングス　ネットワーク論』東京：勁草書

房).

Bradach, J.(1998). *Franchise Organizations*. Boston, MA: Harvard Business Review Press（河野昭三訳（2005）『ハーバードのフランチャイズ組織論』東京：文眞堂).

Bresser, R. J.(1988). Matching Collective and Competitive Strategies. *Strategic Management Journal*, 9(4), pp.375-385.

Bresser, R. J., & Harl, J. S.(1986). Collective Strategy: Vice or Virtue? *Academy of Management Review*, 11(2), pp.408-427.

Büchel, B.(2000). Framework of Joint Venture Development: Theory-Building Through Qualitative Research. *Journal of Management Studies*, 37(5), pp.637-661.

Burrell, G., & Morgan, G.(1979). *Sociological Paradigms and Organizational Analysis*. Portsmouth, NH: Heinemann（鎌田伸一・金井一頼・野中郁次郎訳（1986）『組織理論のパラダイム―機能主義の分析枠組―』東京：千倉書房).

Burt, R.(1992). *Structural Holes: The Social Structure of Competition*. Cambridge, MA: Harvard University Press（安田雪訳（2006）『競争の社会的構造：構造的空隙の理論』東京：新曜社).

Casciaro, T., & Piskorski, M. J.(2005). Power Imbalance, Mutual dependence, and Constraint Absorption: A Closer Look at Resource Dependence Theory. *Administrative Science Quarterly*, 50(2), pp.167-199.

Child, J., & Faulkner, D.(1998). *Strategies of Co-operation*. Oxford, England: Oxford University Press.

Child, J., Faulkner, D., & Tallman, S.(2005). *Cooperative Strategy*(2nd ed.). Oxford, UK: Oxford University Press.

Christensen, C. M.(1997). *The Innovator's Dilemma: When New Technologies Cause Great Firms to Fail*. Cambridge, MA: Harvard Business School Press（玉田俊平太・伊豆原弓訳（2001）『イノベーションのジレンマ―技術革新が巨大企業を滅ぼすとき』東京：翔泳社).

Christensen, C. M., & Bower, J. L.(1996). Customer Power, Strategic Investment, and the Failure of Leading Firms. *Strategic Management Journal*, 17(3), pp.197-218.

Coase, R. H.(1937). The Nature of the Firm. *Economica*, 4(16), pp.386-405.

Corey, E. R., & S. H. Star(1971), *Organization Strategy: A Marketing Approach*. Cambridge, MA: Harvard University Press.

Dacin, M. T., Ventresca, M. J., & Beal, B. D.(1999). The Embeddedness of Organizations: Dialogue and Directions. *Journal of Management*, 25(3), pp.317-356.

Daft, R. L.(2001). *Essentials of Organization Theory and Design*(2nd ed.). Cincinnati, OH: South-Western College Publishing（髙木晴夫訳（2002）『組織の経営学』東京：ダイヤモンド社).

Daft, R. L., & Lengel, R. H.(1986). Organizational Information Requirements, Media Richness and Structural Design. *Management Science*, 32(5), pp. 554-571.

Daft, R. L., & Macintosh, N. B.(1981). A Tentative Exploration into the Amount and Equivocality of Information Processing in Organizational Work Units. *Administrative Science Quarterly*, 26(2), pp. 207-224.

Das, T. K.(1993). Time in Management and Organizational Studies. *Time and Society*, 2(2), pp. 267-274.

Das, T. K., & Kumar, R. (2010). Interpartner Sensemaking in Strategic Alliances: Managing Cultural Differences & Internal Tensions. *Management Decision*, 48, pp.17-36.

Das, T. K., & Teng, B. (2002). The Dynamics of Alliance Conditions in the Alliance Development Process. *Journal of Management Studies*, 39 (5), pp.725-745.

Davis, G. F., & Powell, W. W. (1992). Organization-Environment Relations. In M. D. Dunnette & L. M. Hough (eds.), *Handbook of Industrial and Organizational Psychology*, Vol.3 (pp.315-375). Sunnyvale, CA: Consulting Psychologists Press.

Davis, G. F., & Cobb, J. A. (2009). Resource Dependence Theory: Past and Future. *Research in the Sociology of Organizations*, 28, pp.21-42.

DiMaggio, P. J., & Powell, W. W. (1983). The Iron Cage Revisited: Institutional Isomorphism and Collective Rationality in Organizational Fields. *American Sociological Review*, 48 (2), pp. 147-160.

DiMaggio, P. J., & Powell, W. W. (1991). Introduction. In W. W. Powell & P. J. DiMaggio (eds.), *The New Institutionalism in Organizational Analysis*, Chicago, IL: University of Chicago Press, pp.1-38.

Doganis, R. (2001). *The Airline Business in the 21st Century*. London, England: Routledge. (塩見英治・木谷直俊・内田信行・遠藤伸明・戸崎肇訳 (2003)『21世紀の航空ビジネス』東京：中央経済社).

Donaldson, L. (1995). *American Anti-management Theories of Organization*. Cambridge, MA: Cambridge University Press.

Doz, Y. L. (1996). The Evolution of Cooperation in Strategic Alliances: Initial Conditions or Learning Processes? *Strategic Management Journal*, 17, pp.55-83.

Doz, Y. L., & Baburoglu, O. (2000). From Competition to Collaboration: The Emergence and Evolution of R&D Cooperatives. In D. Faulkner & M. de Rond (eds.), *Cooperative Strategy: Economics, Business and Organizational Issues* (pp. 173-192). Oxford, England: Oxford University Press.

Duhaime, I. M., & Grant, J. H. (1984). Factors Influencing Divestment Decision-making: Evidence from a Field Study. *Strategic Management Journal*, 5 (4), pp.301-318.

Duncan, R. B. (1972). Characteristics of Organizational Environments and Perceived Environmental Uncertainty. *Administrative Science Quarterly*, 17 (3), pp.313-327.

Dyer, J. H., Kale, P., & Singh, H. (2004). When to Ally and When to Acquire. *Harvard Business Review,* 82 (7/8), pp.108-115.

Emery F. E. & Trist E. L.,"The Casual Texture of Organizational Environments,"*Human Relations*, Vol. 18, No.1, 1965.

Eriksson, K., & Sharma, D. D. (2002). Modeling Uncertainty in Buyer-Seller Cooperation. *Journal of Business Research*, 56, pp.961-970.

Ebers, M., & Grandori, A. (1997). The Forms, Costs, and Development Dynamics of Inter-Organizational Networking. In M. Ebers (ed.), *The Formation of Inter-Organizational Networks* (pp.265-286). Oxford, England: Oxford University Press.

Finkelstein, S. (1997). Interindustry Merger Patterns and Resource Dependence: A Replication and Extension of Pfeffer (1972). *Strategic Management Journal*, 18 (10), pp.787-810.

Fligstein, N. (1991). The Structural Transformation of American Industry: An Institutional Account of the Causes of Diversification in the Largest Firms, 1919-1979. In W. W. Powell & P. J. DiMaggio(eds.), *The New Institutionalism in Organizational Analysis*. Chicago, IL: University of Chicago Press.

Freeman, R. E.(1984). *Strategic Management: A Stakeholder Approach*, Pitman. Cambridge, MA: Cambridge University Press.

Galaskiewicz, J.(1985). Interorganizational Relations. *Annual Review of Sociology*, 11, pp. 281-304.

Galbraith, J. R.(1995). *Designing Organizations: An Executive Briefing on Strategy, Structure, and Process*. San Francisco, CA: Jossey-Bass.

Galbraith, J. R.(1973), *Designing Complex Organizations*. London, England: Addison-Wesley (梅津祐良訳(1978)『横断組織の設計』東京：ダイヤモンド社).

Galbraith, J. R.(1993). The Value-Adding Corporation. In J. R. Galbraith & E. E. Lawler(eds.), *Organizing for the Future*. Hoboken, NJ: Jossey-Bass (寺本義也監訳（1996）「第一章：高付加価値の企業」『21世紀企業の組織デザイン』東京：産能大学出版部).

Galbraith, J. R.(1995). *Designing Organizations*. Hoboken, NJ: Jossey-Bass (梅津祐良訳(2002)『組織設計のマネジメント』東京：生産性出版).

Galbraith, J. R.(2000). *Designing the Global Corporation*, San Francisco, CA: Jossey-Bass. (斎藤彰悟監訳（2002）『グローバル企業の組織設計』東京： 春秋社).

Galbraith, J. R., & Nathanson, D. A.(1978). *Strategy Implementation*. Eagan, Minnesota: West Publishing (岸田民樹訳（1989）『経営戦略と組織デザイン』白桃書房).

Galbraith, J. R., Downey, D., & Kates, A.(2002). *Designing Dynamic Organizations*. Nashville, Tennessee: Amacom.

Geyskens, I., Steenkamp, J., & Kumar, N.(2006). Make, Buy, or Ally: A Transaction Cost Theory Meta-analysis. *Academy of Management Journal*, 49(3), pp.519-543.

Granovetter, M.(1985). Economic Action and Social Structure: The Problem of Embeddedness. *American Journal of Sociology*, 91(3), pp.481-510 (渡辺深訳（1998）『転職—ネットワークとキャリアの研究』京都：ミネルヴァ書房).

Gulati, R.(1995). Social Structure and Alliance Formation Patterns: A Longitudinal Analysis. *Administrative Science Quarterly*, 40(4), pp.619-652.

Gulati, R.(1998). Alliances and Networks. *Strategic Management journal*, 19(4), pp.293-317.

Gulati, R.(2007). *Managing Network Resources: Alliances, Affiliations, and Other Relational Assets*. New York, NY: Oxford University Press.

Gulati, R., & Gargiulo, M.(1999). Where Do Interorganizational Networks Come From? *American Journal of Sociology*, 104(5), pp.1439-1493.

Gulati, R., & Sytch, M.(2007). Dependence Asymmetry and Joint Dependence in Interorganizational Relationships: Effects of Embeddedness on a Manufacturer's Performance in Procurement Relationships. *Administrative Science Quarterly*, 52(1), pp.32-69.

Hamel, G., & Doz, Y. L.(1998). *Alliance Advantage*. Cambridge, MA: Harvard University Press (志太勤一・柳孝一監訳（2001）『競争優位のアライアンス戦略』東京：ダイヤモンド社).

Hamilton, R. G., & Chow, Y. K.(1993). Research Notes and Communications: Why Managers Divest — Evidence from New Zealand's Largest Companies. *Strategic Management Journal*, 14

(6), pp.479-484.

Hillman, A. J., Withers, M. C., & Collins, B. J.(2009). Resource Dependence Theory: A Review. *Journal of Management*, 35(6), pp.1404-1427.

Hayek, F. A.(1945). The Use of Knowledge in Society. *American Economic Review*, 35(4), pp. 519-530（田中真晴・田中秀夫編訳（1986）『市場・知識・自由』京都：ミネルヴァ書房）.

Inkpen, A. C.(2001). Strategic Alliances. In M. A. Hitt, R. E. Freeman & J. S. Harrison(eds.), *Handbook of Strategic Management*(Chapter 14, pp. 409-432). Oxford, England: Oxford Blackwell Publishing.

Inkpen, A. C.(2002). Learning, Knowledge Management, and Strategic Alliances: So Many Studies, so Many Unanswered Questions. In F. J. Contractor & P. Lorange(eds.), *Cooperative Strategies and Alliances*(pp.267-289). Amsterdam, NL: Pergamon.

Jacobides, M. G., & Billinger, S.(2006). Designing the Boundaries of the Firm: From "Make, Buy, or Ally" to the Dynamic Benefits of Vertical Architecture. *Organization Science*, 17(2), pp. 249-261.

Keller, M.(1993). Collision; GM, Toyota, Volkswagen and the Race to Own the 21st Century. New York, NY: Doubleday（鈴木主税訳（1994）『激突―トヨタ, GM, VW の熾烈な闘い』東京：草思社）.

Key, S.(1999). Toward a New Theory of the Firm. *Management Decision*, 37(3/4), pp.317-328.

Khanna, T., Gulati, R., & Nohria, N.(1998). The Dynamics of Learning Alliances: Competition, Cooperation, and Relative Scope. *Strategic Management Journal*, 19(3), pp.193-210.

Kilduff, M., & Oh, H. (2006). Deconstructing Diffusion: An Ethnostatistical Examination of Medical Innovation Network Data Reanalyses. *Organizational Research Methods*, 9, pp.432-455.

Kilduff, M., Tsai, W., & Hanke, R. (2006). A Paradigm too Far? : A Dynamic Stability Reconsideration of the Social Network Research Program. *Academy of Management Review*, 31(4), pp.1031-1048.

Klaas, B. S., McClendon, J. A., & Gainey, T. W.(1999). HR Outsourcing and Its Impact: The Role of Transaction Costs. *Personnel Psychology*, 52(1), pp.113-136.

Klaas, B. S., McClendon, J. A., & Gainey, T. W. (2001). Outsourcing HR: The Impact of Organizational Characteristics. *Human Resource Management*, 40(2), pp.125-138.

Kleymann, B., & Seristö, H. (2004). *Managing Strategic Airline Alliances*. Surrey, England: Ashgate.

Kobashi, T. (2011). Sensemaking in Inter-organizational Relationships: A Multiple Paradigm Approach. In T. K. Das (ed.), *Behavioral Perspectives on Strategic Alliances* (pp. 27-50). Charlotte, NC: Information Age Publishing.

Kobashi, T., Konomi, N., & Kozawa, K.(2003). A Research on the Co-evolution of Multiple Interorganizational Networks. In P. Hibbert(ed.), *Co-creating Emergent Insight*(pp.189-197). Glasgow, England: University of Strathclyde.

Kogut, B.(1988). Joint Ventures: Theoretical and Empirical Perspectives. *Strategic Management Journal*, 9(4), pp.319-332.

Koza, M. P., & A. Y. Lewin(1998). The Co-evolution of Strategic Alliances. *Organization Science*, 9(3), pp.255-264.

参考文献

Kumar, R., & Nti, K. O.(1998). Differential Learning and Interaction in Alliance Dynamics: A Process and Outcome Discrepancy Model. *Organization Science*, 9(3), pp.356-367.

Laing, R. D.(1969). *Self and Others*(2nd ed.). London, England: Tavistock Publications（志貴春彦・笠原嘉訳（1975）『自己と他者』東京：みすず書房）.

Langlois, R. N., & Robertson, P. L. (1995). *Firms, Markets and Economic Change: A Dynamic Theory of Business Institutions.* London, UK: Routledge（谷口和弘訳（2004）『企業制度の理論：ケイパビリティ・取引費用・組織境界』東京：NTT出版）.

Lester, R. H., Hillman, A. J., Zardkoohi, A., & Cannella, A. A.(2008). Former Government Officials as Outside Directors: The Role of Human and Social Capital. *Academy of Management Journal*, 51(5), pp.999-1013.

Makhija, M. V., & Ganesh, U.(1997). The Relationship Between Control and Partner Learning in Learning-related Joint Ventures. *Organization Science*, 8(5), pp.508-527.

March, J. G., & Olsen, J. P.(1976). *Ambiguity and Choise in Organizations.* Bergen, Oslo, Norway: Universitesforlaget（遠田雄志・アリソン ユング訳（1986）『組織におけるあいまさと決定』東京：有斐閣）.

March, J. G., & Simon, H. A.(1958). *Organizations.* New York, NY: John Wiley & Sons（土屋守章訳（1977）『オーガニゼーションズ』東京：ダイヤモンド社）.

Mindlin, S. E., & Aldrich, H.(1975). Interorganizational Dependence: A Review of the Concept and a Reexamination of the Findings of the Aston Group. *Administrative Science Quarterly*, 20(3), pp.382-392.

Mizruchi, M. S., & Steams, L. B.(1988). A Longitudinal Study of the Formation of Interlocking Directorates. *Administrative Science Quarterly*, 33(2), pp.194-210.

Mizruchi, M. S., & Stearns, L. B.(1994). A Longitudinal Study of Borrowing by Large American Corporations. *Administrative Science Quarterly*, 39(1), pp.118-140.

Montgomery, C. A., & Thomas, A. R.(1988). Research Notes and Communications: Divestment: Motive and Gains. *Strategic Management Journal*, 9(1), pp.93-97.

Nienhüser, W. (2008). Resource Dependence Theory: How Well Does It Explain Behavior of Organizations? *Management Revue*, 19(1/2), pp.9-32.

Oliver Wyman Co., Ltd.(2015). Phoenix Sky Harbor International Aviation Symposium Pre-panel Charts.

Oliver, A. L., & Ebers, M. (1998). Networking Network Studies: An Analysis of Conceptual Configurations in the Study of Inter-organizational Relationships. *Organization Studies*, 19(4), pp.549-583.

Orton, J. D., & Weick, K. E.(1990). Loosely Coupled Systems: A Re-conceptualization. *Academy of Management Review*, 15(2), pp.202-223.

Oum, T. H., Park, J., & Zhang, A.(2000). *Globalization and Strategic Alliances: The Case of the Airline Industry.* Oxford, England: Pergamon.

Parkhe, A.(1993). "Messy" Research, Methodological Predispositions, and Theory Development in International Joint Ventures. *Academy of Management Review*, 18(2), pp.227-268.

Parmigiani, A. (2007). Why Do Firms Both Make and Buy? An Investigation of Concurrent Sourcing. *Strategic Management Journal*, 28(3), pp.285-311.

Pennings, J. M., Hambrick, D. C., & MacMillan, J. C.(1984). Interorganizational Dependence and

Forward Integration. *Organization Studies*, 5(4), pp.307-326.

Perrow, C. (1967). A Framework for the Comparative Analysis of Organizations. *American Sociological Review*, 32, pp.194-208.

Pfeffer, J. (1972a). Interorganizational Influence and Managerial Attitudes. *Academy of Management Review*, 15(3), pp.317-330.

Pfeffer, J. (1972b). Size and Composition of Corporate Boards of Directors: The Organization and its Environment. *Administrative Science Quarterly*, 17(2), pp.218-228.

Pfeffer, J. (1972c). Merger as a Response to Organizational Interdependence. *Administrative Science Quarterly*, 17(3), pp.382-394.

Pfeffer, J. (1973). Size, Composition, and Function of Hospital Boards of Directors: A Study of Organization-Environment Linkage. *Administrative Science Quarterly*, 18(3), pp.349-364.

Pfeffer, J. (1974). Cooptation and the Composition of Electric Utility Boards of Directors. *Pacific Sociological Review*, 17(3), pp.333-363.

Pfeffer, J. (1987). A Resource Dependence Perspective on Intercorporate Relations. In M. S. Mizruchi & M. Schwartz(eds.), *Intercorporate Relations: The Structural Analysis of Business* (pp.22-55). Cambridge, MA: Cambridge University Press.

Pfeffer, J. (2003). Introduction to the Classic Edition. In J. Pfeffer & G. R. Salancik, *The External Control of Organizations: A Resource Dependence Perspective* (pp. xi-xxx). Stanford, CA: Stanford University Press.

Pfeffer, J. (2005). Developing Resource Dependence Theory: How Theory is Affected by its Environment. In K. G. Smith & M. A. Hitt(eds.), *Great Minds in Management: The Process of Theory Development* (pp.436-459). Oxford, UK: Oxford University Press.

Pfeffer, J., & Davis-Blake, A. (1987). Understanding Organizational Wage Structures: A Resource Dependence Approach. *Academy of Management Journal*, 30(3), pp.437-455.

Pfeffer, J., & Leblebici, H. (1973). Executive Recruitment and the Development of Interfirm Organizations. *Administrative Science Quarterly*, 18(4), pp.449-461.

Pfeffer, J., & Salancik, G. R. (1974). Organizational Decision Making as a Political Process: The Case of a University Budget. *Administrative Science Quarterly*, 19(2), pp.135-151.

Pfeffer, J., & Salancik, G. R. (1977a). Organizational Context and the Characteristics and Tenure of Hospital Administrators. *Academy of Management Journal*, 20(1), pp.74-88.

Pfeffer, J., & Salancik, G. R. (1977b). Administrator Effectiveness: The Effects of Advocacy & Information on Achieving Outcomes in an Organizational Context. *Human Relations*, 30(7), pp. 641-656.

Pfeffer, J., & Salancik, G. R. (1978). *The External Control of Organizations: A Resource Dependence Perspective*. San Francisco, CA: Harper & Row.

Pfeffer, J., Salancik, G. R., & Leblebici, H. (1976). The Effect of Uncertainty on the Use of Social Influence in Organizational Decision Making. *Administrative Science Quarterly*, 21 (2), pp. 227-245.

Podolny, J. M. (1994). Market Uncertainty and the Social Character of Economic Exchange. *Administrative Science Quarterly*, 39(3), pp.458-483.

Porter, M. E. (1980). *Competitive Strategy*. New York, NY: Free Press（土岐坤・中辻萬治・小野寺武訳（1982）『競争の戦略』 東京：ダイヤモンド社）.

参考文献

Provan, K. G. (1983). The Federation as an Interorganizational Linkage Network. *Academy of Management Review*, 8(1), pp.79-89.

Ring, P. S., & Van de Ven, A. H. (1994). Developmental Processes of Cooperative Interorganizational Relationships. *Academy of Management Review*, 19(1), pp.90-118.

Ryu, S., Park, J. E., & Min, S. (2007). Factors of Determining Long-term Orientation in Interfirm Relationships. *Journal of Business Research*, 60(12), pp.1225-1233.

Sako, M., Chondrakis, G., & Vaaler, P. (2013). How do Firms Make-and-buy? The Case of Legal Services Sourcing by Fortune 500 Companies. Working Paper. University of Oxford.

Salancik, G. R., & Pfeffer, J. (1974). The Bases and Use of Power in Organizational Decision Making: The Case of a University. *Administrative Science Quarterly*, 19(4), pp.453-473.

Salancik, G. R., & Pfeffer, J. (1977). Constraints on Administrator Discretion: The Limited Influence of Mayors on City Budgets. *Urban Affairs Quarterly*, 12, pp.475-498.

Sandberg, E. A. (2003). The Face of Embeddedness: A Case Study. IMP Working paper for Conference Lugano.

Scherer, A. G. (1998). Pluralism and Incommensurability in Strategic Management & Organization Theory: A Problem in Search of a Solution. *Organization*, 5(2), pp.147-168.

Schultz, M., & Hatch, M. J. (1996). Living with Multiple Paradigms: The case of Paradigm Interplay in Organizational Culture Studies. *Academy of Management Review*, 21(2), pp.529-557.

Schwenk, C. R. (1988). *The Essence of Strategic Decision Making*. Lexington, MA: D.C. Heath and Company. (山倉健嗣訳 (1998)『戦略決定の本質』東京:文眞堂).

Scott, W. R. (1992). *Organizations* (3rd ed.). Englewood Cliffs, Upper Saddle River, NJ: Prentice-Hall.

Selznick, P. (1957). *Leadership in Administration*. Glencoe, IL: Free Press. (北野利信訳 (1963)『組織とリーダーシップ』東京:ダイヤモンド社).

Shaw, S. (2004). *Airline Marketing & Management* (5th ed.). Brookfield, UT: Ashgate.

Shenhav, Y., & Weitz, E. (2000). The Roots of Uncertainty in Organization Theory: A Historical Constructivist Analysis. *Organization*, 7(3), pp.373-401.

Short, J. (2009). The Art of Writing a Review Article. *Journal of Management*, 35(6), pp. 1312-1317.

Simon, H. A. (1976). *Administrative Behavior* (3rd ed.). Glencoe, IL: Free Press (松田武彦・高柳暁・二村敏子訳 (1989)『経営行動』東京:ダイヤモンド社).

Simon, H. A. (1981). *The Sciences of the Artificial* (2nd ed.). Cambridge, MA: The MIT Press (稲葉元吉・吉原英樹訳 (1987)『新版 システムの科学』東京:パーソナルメディア社).

Simon, H. A (1991). Organizations and Markets. *Journal of Economic Perspectives*, 5(2), pp. 25-44.

Smircich, L., & Stubbart, C. (1985). Strategic Management in an Enacted World. *Academy of Management Review*, 10(4).

Soda, G., & Usai, A. (1999). The Dark Side of Dense Networks. In A. Grandori (ed.), *Interfirm Networks* (pp.276-302). New York, NY: Routledge.

Stopford, J., & Wells, L. (1972). *Managing the Multinational Enterprise*. London, England: Longman (山崎清訳 (1976)『多国籍企業の組織と所有政策』東京:ダイヤモンド社).

Sutcliffe, K. M., & Zaheer, A. (1998). Uncertainty in the Transaction Environment: An Empirical

Test. *Strategic Management Journal*, 19(1), pp.1-23.

Sydow, J., Schüßler, E., & Müller-Seitz, G.(2016). *Managing Interorganizational Relations: Debates and Cases*. London, UK: Palgrave Macmillan.

Sydow, J., & Windeler, A.(1998). Organizing and Evaluating Interfirm Networks: A Structurationist Perspective on the Network Processes and Effectiveness. *Organization Science*, 9, pp.265-268.

Teece, D. J., & Chesbrough, H. W.(1996). When is Virtual Virtuous? Organizing for Innovation. *Harvard Business Review*, 74(1)（柴田高訳（1996）「バーチャル・コーポレーションの危険な幻想」『ダイヤモンド・ハーバード・ビジネス』Apr-May）.

Thompson, J. D., & McEwen, W. J.(1958). Organizational Goals and Environment. *American Sociological Review*, 23(1), pp.23-31.

Thompson, J. D.(1967). *Organizations in Action: Social Science Bases of Administrative Theory*, New York, NY: McGraw-Hill（大月博司・廣田俊郎訳（2012）『行為する組織』東京：同文舘出版）.

Ulrich, D., & Barney, J. B.(1984). Perspectives in Organizations: Resource Dependence, Efficiency and Population. *Academy of Management Review*, 9(3), pp.471-481.

Uzzi, B.(1996). The Source and Consequences of Embeddedness for the Economic Performance of Organizations: The Network Effect. *American Sociological Review*, 61, pp.674-698.

Uzzi, B.(1997). Social Structure and Competition in Interfirm Networks. *Administrative Science Quarterly*, 42(1), pp.35-67.

Villalonga, B., & McGahan, A. M.(2005). The Choice Among Acquisitions, Alliances, and Divestitures. *Strategic Management Journal*, 26(13), pp.1183-1208.

Walker, G., & Weber, D.(1984). A Transaction Cost Approach to Make-or-buy Decisions. *Administrative Science Quarterly*, 29(3), pp.373-391.

Weick, K. E.(1969). *The Social Psychology on Organizing*. London, England: Addison-Wesley（金児暁嗣訳（1980）『組織化の心理学』東京：誠信書房）.

Weick, K. E.(1979). *The Social Psychology on Organizing* (2nd ed.). London, England: Addison-Wesley（遠田雄志訳（1997）『組織化の社会心理学』東京：文眞堂）.

Weick, K. E.(1993). Sensemaking in Organizations: Small Structures with Large Consequences. In J. K. Murnighan (ed.), *Social Psychology in Organizations*. Upper Saddle River, NJ: Prentice-Hall.

Weick, K. E.(1995). *Sensemaking in Organizations*, Newbury Park, CA: Sage（遠田雄志訳（2001）『センスメーキング イン オーガニゼーションズ』東京：文眞堂）.

Weick, K. E., & McDaniel, R. R.(1989). How Professional Organizations Work: Implications for School Organization and Management. In T. J. Sergiovanni & J. H. Moore(eds.), *Schooling for Tomorrow*(pp.330-335). Boston, MA: Allyn & Bacon.

Williamson, O. E.(1975). *Markets and Hierarchies*. New York, NY: The Free Press（浅沼萬里・岩崎晃訳（1980）『市場と企業組織』東京：日本評論社）.

Williamson, O. E.(1990). Chester Barnard and the Incipient Science of Organization. In O. E. Williamson(ed.), *Organization Theory: From Chester Barnard to the Present and Beyond*(pp. 172-206). Oxford, UK: Oxford University Press（飯野春樹監訳（1997）『現代組織論とバーナード』東京：文眞堂）.

参考文献

Williamson, O. E.(1991a). Comparative Economic Organization: The Analysis of Discrete Structural Alternatives. *Administrative Science Quarterly*, 36(2), pp.269-296.

Williamson, O. E.(1991b). Strategizing, Economizing, and Economic Organization. *Strategic Management Journal*, 12, Special Issue, pp.75-94.

Yoshino, M. Y., & Rangan, U. S.(1995). *Strategic Alliances: An Entrepreneurial Approach to Globalization*. Boston, MA: Harvard Business School Press.

Zajac, E. J., & Olsen, C. P.(1993). From Transaction Cost to Transactional Value Analysis: Implications for the Study of Inter-organizational Strategies. *Journal of Management Studies*, 30 (1), pp.131-145.

＜和文文献＞

相原基大・秋庭太（2006）「企業者ネットワークに関する経験的研究の現状と展望」『(北海道大学) 經濟學研究』56(1)， pp.57-76。

赤岡功（1978）「コンティンジェンシー・セオリーと組織間関係論の環境理解」『(京都大学) 経済論叢』122(3・4)，pp.13-30。

荒深友良（1994）「組織の分化と相互依存性」『(朝日大学) 経営論集』9 (2), pp.43-59。

池淵浩介（1997）「トヨタ式現場イズムの神髄：ＮＵＭＩ (トヨタ・ＧＭ合弁)」安室憲一・(財) 関西生産性本部 (編著)『現場イズムの海外経営―日本企業・13のケーススタディ』東京：白桃書房， pp.166-172。

石井真一（2009）『日本企業の国際合弁行動』東京：千倉書房。

岩田智（1997）「グローバル戦略」大滝精一・金井一賴・山田英夫・岩田智 (著)『経営戦略』東京：有斐閣。

牛丸元（2007）『企業間アライアンスの理論と実証』東京：同文舘出版。

梅木眞（2001）「埋め込みの形成と中小企業のネットワーク：朝日信用金庫の事例より」『横浜国際社会科学研究』6(1), pp.83-104。

遠田雄志（1994）「改訂・ゴミ箱モデル」『(法政大学) 経営志林』30(4), pp.63-72。

王輝（2003）『グローバル化・情報化と組織の再構築』2002年度名古屋大学博士論文。

大滝精一（1991）「戦略提携と組織学習」『組織科学』25(1), pp.36-46。

大月博司（1999）「組織研究のパラダイム論争」大月博司・中條秀治・犬塚正智・玉井健一 (著)『経営組織論の構想』東京：同文舘出版, pp.215-245。

大月博司（2001）「組織研究のあり方」経営学史学会 (編)『組織・管理研究の百年』東京：文眞堂， pp.183-194。

岸眞理子（1990）「組織の情報化戦略に向けて―分析基軸としての不確実性と多様性―」『早稲田商学』338, pp.437-454。

岸眞理子（1991）「情報の多義性とメディア・リッチネス」『(法政大学) 経営志林』28 (1), pp.51-64。

岸眞理子（2014）『メディア・リッチネス理論の再構想』東京：中央経済社。

岸田民樹（1985）『経営組織と環境適応』東京：三嶺書房。

岸田民樹（1986）「一般システム理論と組織論」『(京都大学) 経済論叢』137(1), pp.42-60。

岸田民樹（1992）「Loosely Coupled System と組織の生成」『(名古屋大学) 経済科学』39 (4), pp.125-143。

岸田民樹（1994）「革新のプロセスと組織化」『組織科学』27（4），pp.12-25。

岸田民樹（1998）「書評：中條秀治著『組織の概念』文眞堂」東京：文眞堂。

岸田民樹（1999）「組織学説史分析序説」『（名古屋大学）経済科学』40（2），pp.1-20。

岸田民樹（2001）「第2章　組織」山倉健嗣・岸田民樹・田中政光（著）『現代経営キーワード』東京：有斐閣。

岸田民樹（2012）「コンティンジェンシー理論（コンティンジェンシーセオリー：Contingency Theory）」経営学史学会（編）『経営学史事典』東京：文眞堂，pp.117-119。

桑嶋健一・高橋伸夫（2001）『組織と意思決定』東京：朝倉書店。

桑田耕太郎（1989）「マクロ組織理論の新展開」土屋守章・二村敏子（編）『現代経営学説の系譜』東京：有斐閣，pp271-307。

桑田耕太郎（1995）「情報技術と組織デザイン」『組織科学』29（1），pp.66-79。

許斐ナタリー・小橋勉（2017）「北海道内空港一括運営委託に関する組織論的考察：空港マーケティング研究との関わりで」『（北見工業大学）人間科学研究』13，pp.31-39。

小橋勉（1998）「環境操作戦略のメカニズム―不確実性と相互依存性を中心として―」『（名古屋大学）経済科学』46（1），pp.57-70。

小橋勉（2000）『組織の環境と環境操作戦略』名古屋大学博士論文。

小橋勉（2001）「環境操作戦略発動のプロセス―環境の意味づけの視点から―」『（名古屋大学）経済科学』48（4），pp.117-130。

小橋勉（2003）「経営組織論」羽路駒次・小嶋博（編）『新経営学』京都：晃洋書房，pp.91-110。

小橋勉（2004）「フロント―バック組織：グローバル企業の新たな組織構造」『日本経営学会誌』11，pp.30-40。

小橋勉（2005a）「組織間関係の進化に関する研究の展開」『経営学史学会年報』12，pp.118-127。

小橋勉（2005b）「環境変化と組織間関係」岸田民樹（編）『現代経営組織論』東京：有斐閣，pp.167-184。

小橋勉（2008）「組織間関係論における埋め込みアプローチの検討：その射程と課題」『経営学史学会年報』15，pp.140-150。

小橋勉（2013）「資源依存パースペクティブの理論的展開とその評価」『組織論レビューⅡ』東京：白桃書房，pp.141-172。

小山嚴也（2011）『CSR のマネジメント：イシューマイオピアに陥る企業』東京：白桃書房。

近能善範（2002a）「「戦略論」及び「企業間関係論」と「構造的埋め込み理論」(1)」『赤門マネジメント・レビュー』1（5），pp.355-384。

近能善範（2002b）「「戦略論」及び「企業間関係論」と「構造的埋め込み理論」(2)」『赤門マネジメント・レビュー』1（6），pp.497-520。

近能善範（2002c）『自動車部品取引のネットワーク構造とサプライヤーのパフォーマンス」『組織科学』53（3），pp.83-100。

榊原胖夫（1999）『航空輸送の経済』京都：晃洋書房。

桜沢仁（1981）「J. Pfeffer らにみる組織論のエクスターナル・パースペクティヴ：資源依存モデルの有効性をめぐって-5-」『（明治大学）経営論集』28（3），pp.89-103。

佐々木利廣（1979）「J. Pfeffer らにみる組織論のエクスターナル・パースペクティヴ：資

参考文献

源依存モデルの有効性をめぐって-1-」『(明治大学) 経営論集』27(2), pp.123-145。

佐々木利廣 (1990) 『現代組織の構図と戦略』東京：中央経済社。

佐々木利廣 (2004) 「組織間関係論の発展」齊藤毅憲・藁谷友紀・相原章 (編) 『経営学の フロンティア』東京：学文社, pp.125-144。

佐々木利廣・根本孝・須貝栄・佐藤一義・桜沢仁 (1981) 「J. Pfeffer らにみる組織論のエ クスターナル・パースペクティヴ：資源依存モデルの有効性をめぐって-6-」『(明治大 学) 経営論集』28(3), pp.105-119。

佐々木宏 (2003) 「資源ベースビューとアライアンス戦略」原田保 (編) 『グローバルチャ ネリング』東京：日科技連, pp.201-226。

佐藤一義 (1980) 「J. Pfeffer らにみる組織論のエクスターナル・パースペクティヴ：資源 依存モデルの有効性をめぐって-2-」『(明治大学) 経営論集』27(3), pp.85-107。

塩見英治 (2002) 「国際航空産業におけるアライアンスと企業統合」『海運経済研究』36, pp.13-22。

塩見英治 (2006) 『米国航空政策の研究―規制政策と規制緩和の展開―』東京：文眞堂。

宍戸善一・草野厚 (1988) 『国際合弁―トヨタ・GMジョイントベンチャーの軌跡』東 京：有斐閣。

下川浩一 (1997) 『日米自動車産業攻防の行方』東京：時事通信社。

須貝栄 (1980) 「J. Pfeffer らにみる組織論のエクスターナル・パースペクティヴ：資源依 存モデルの有効性をめぐって-3-」『(明治大学) 経営論集』27(3), pp.109-129。

田尾雅夫・桑田耕太郎 (1998) 『組織論』東京：有斐閣。

田中政光 (1981) 「ルースカップリングの理論」『組織科学』15(2)。

趙偉 (1999) 「統合的作業組織の可能性―NUMMIを中心に―」『経済科学』46(4), pp. 89-104。

張淑梅 (2004) 『企業間パートナーシップの経営』東京：中央経済社。

陳韻如 (2004) 「資源依存による動態的分析」『(京都大学) 経済論叢』173(5/6), pp. 455-471。

陳韻如 (2005) 「戦略的提携理論の展開：パースペクティブの比較を中心に」『(京都大学) 経済論叢』175(4), pp.358-376。

寺澤朝子 (2001) 「認知と行為の因果関係に関する組織論的分析」『日本経営学会誌』7, pp.23-35。

十名直喜 (2005) 「セラミックス王国・森村グループと「名古屋的経営」」『名古屋学院大 学論集社会科学編』41(3), pp.61-84。

長瀬勝彦 (1999) 『意思決定のストラテジー』東京：中央経済社。

中村英仁・岡本純也・江頭満正・金子史弥 (2010) 「なぜ「ツール・ド・おきなわ」の参 加者は増加したのか：マーケティング戦略にみる供給サイドの資源依存関係マネジメン ト」『スポーツ産業学研究』20(2), pp.173-189。

西口敏宏 (1997) 「二重らせん構造の組織間関係と共進化：自己言及的メタモデルの提唱」 『組織科学』30(3), pp.62-78。

根本孝 (1980) 「J. Pfeffer らにみる組織論のエクスターナル・パースペクティヴ：資源依 存モデルの有効性をめぐって-4-」『(明治大学) 経営論集』27(4), pp.81-102。

藤本隆宏 (1997) 「製品開発の産業間比較分析に関する温故知新的な試論」『ビジネスレ ビュー』45(2), pp.36-55。

二神枝保（2001）「人的資源管理のアウトソーシング」『組織科学』35(1), pp.63-80。

松行彬子（2000）『国際戦略的提携―組織間関係と企業変革を中心として』東京：中央経済社。

三浦雅洋（2007）「事業環境をデザインする能力：M&A，ジョイント・ベンチャー，政治的解決を理解するための組織論的基礎」『国士舘大学政経論叢』137, pp.177-209。

村上英樹・浦西秀司（2006）「航空輸送サービスの生産と費用」村上英樹・加藤一誠・高橋望・榊原胖夫（編）『航空の経済学』東京：ミネルヴァ書房, pp.19-48。

村上裕志（2004）「SCM の共進化概念の適用に関する一試案」『京都マネジメント・レビュー』6, pp.99-115。

安田洋史（2010）『アライアンス戦略論』東京：NTT 出版。

安田雪（1996）『日米市場のネットワーク分析―構造社会学からの挑戦―』東京：木鐸社。

安田雪（2001）『実践ネットワーク分析』東京：新曜社。

山口隆之（1998）「企業間関係の理論とその新展開」『商学論究』45(4), pp.75-89。

山倉健嗣（1981）「組織間関係論の生成と展開」『組織科学』15(4), pp.24-34。

山倉健嗣（1993）『組織間関係』東京：有斐閣。

山倉健嗣（2001）「アライアンス論・アウトソーシング論の現在：90年代以降の文献展望」『組織科学』35(1), pp.81-95。

山田耕嗣（2000）「組織間関係論」高橋伸夫（編）『超企業・組織論』東京：有斐閣, pp.45-54。

山田基成（1994）「トヨタ生産方式のグローバル展開(1)・(2)」小川英次（編著）『トヨタ生産方式の研究』東京：日本経済新聞社, pp.163-208。

山中伸彦（2004a）「組織における権力分析：資源依存アプローチの批判的検討」『尚美学園大学総合政策研究紀要』8, pp.67-81。

山中伸彦（2004b）「現代製造企業組織の新展開」亀川雅人・高岡美佳・山中伸彦（著）『入門現代企業論』東京：新世社。

山中伸彦（2012）「資源依存パースペクティヴに見る権力研究の理論的課題：批判的解釈理論からの検討」『組織科学』45(3), pp.9-22。

吉田猛（1987）「組織と資源交換―焦点組織の行動と交換関係の生成―」『（朝日大学）経営論集』2(2), pp.1-22。

吉田猛（1988）「資源交換関係における相互依存―その問題点と対処行動の一考察―」『（朝日大学）経営論集』3(1), pp.23-39。

吉田孟史（1991）「組織間学習と組織の慣性」『組織科学』25(1), pp.45-57。

吉田孟史（1992）「組織間システムの類型と変化の特性」『（名古屋大学）経済科学』39(4), pp.145-160。

吉田孟史（1995）「企業者活動と地域振興―ネットワーク化された学習とインキュベーター―」日本経営学会編『現代企業と社会』東京：千倉書房, pp.12-20。

吉田孟史（2004）『組織の変化と組織間関係』東京：白桃書房。

吉村典久（1997）「組織外部化とグループ経営について」日本経営学会編『現代経営学の課題』東京：千倉書房, pp.321-326。

米倉誠一郎（1991）「企業革新と組織外部化戦略―富士電気・富士通・ファナック―」『一橋論叢』106(5), pp.36-59。

李宏舟（2015）「アウトソーシング産業における受注企業イノベーション能力の構築に関

する一研究：発注企業と受注企業との共進化モデルの構築に向けて」『（東北大学）研究年報経済学』75(1・2), pp.51-62。

李在鎬（2002）「組織間関係における依存と保証」『（京都大学）経済論叢』170(1), pp. 57-69。

若林隆久・勝又壮太郎（2014）「戦略的提携ネットワークの形成要因：産業要因か，企業要因か，ネットワーク要因か？」『組織科学』47(1), pp.69-79。

若林直樹（2002a）「社会ネットワークと企業の信頼性：「埋め込み」アプローチの経済社会学的分析」『京都大学大学院経済学研究科ワーキング・ペーパー』J-27。

若林直樹（2002b）「外注品質管理における組織間ネットワークと信頼：東北地方の電機メーカー外注企業協力会での埋め込みの分析」『研究年報経済学』64(2), pp.1-23。

若林直樹（2006）『日本企業のネットワークと信頼：企業間関係の新しい経済社会学的分析』東京：有斐閣。

渡辺深（2007）『組織社会学』京都：ミネルヴァ書房。

事項索引

【A-Z】

C-E モデル　110, 112
C-G モデル　110, 112
C-I モデル　110, 111
C-O モデル　110, 112

DCS　→ディカップルドシステム

ECO　→The External Control of Organizations
E-E モデル　110, 111
E-G モデル　110, 111
E-I モデル　109, 110
E-O モデル　110

JV　→ジョイントベンチャー

LCS　55, 65

M & A（買収合併）　124
make-and-buy　66, 67
make-or-buy　66

RDP　→資源依存パースペクティブ

SCM　112

The External Control of Organizations
　17-21, 25, 26, 137

Weick モデル　71, 76, 77, 90, 92

【あ】

あいまい性　69, 70-72, 74-79, 81, 82, 84,
　88-92, 138, 139
アウトソーシング　52, 53, 141
アライアンス　42, 100, 117, 120-124, 126-
　131, 133-136, 139
安定化　60
依存　20
依存度　20
イナクトされた環境　83
イナクトしうる環境（enactable environment）
　83
イナクトメント　82, 84, 93
イノベーション　27, 39
イノベーションのジレンマ　27
意味づけ（sensemaking）　31, 71, 72, 76, 83,
　84, 88, 90, 91, 93, 138, 139, 140

埋め込み（embeddedness）　43, 46, 97-99,
　101-103, 105, 111, 124, 126, 127, 134, 135, 139
埋め込み研究　102-105, 107
オープンイノベーション　67
オープンシステムアプローチ　18

【か】

外部化　55
学習　29, 115, 143
学習競争　46
革新のプロセス　92
合併　22, 28, 49, 126, 127
環境観　35, 45, 138
環境決定論　13, 15, 18, 21, 58, 137
環境操作戦略　55, 82, 83, 85
環境の安定化　44, 45, 60
環境の意味づけ　69
環境への柔軟な対応　60
環境への適応　44
関係資本（社会的関係）　101
関係的埋め込み　100
関係の形成（強化）　50
関係の弱化　50
還元主義　114
企業間信頼　112
規模の経済　119
吸収　49
供給業者の不確実性（supplier uncertainty）
　57
共時的分析　93
共時的モデル　78-82, 89, 90, 92, 93
共進化　110-114, 135, 139, 140
共生的相互依存性　41
競争相手の不確実性（competitive uncertain-
　ty）　57
競争圧力　39
競争戦略　66
競争戦略のスイッチング　58
競争戦略へのスイッチング　59
協調戦略　22, 49, 58, 61, 136
協調的関係　38
共同依存　29, 40-42
共同研究・共同生産　49
共同行為　100
共同的相互依存性　65
グローバルアライアンス　117, 134, 135
クロスセクション分析　93
経時的分析　93

事項索引

経時的モデル　74, 76-79, 81, 82, 89, 90, 92
契約　49, 136
契約的結合　49
系列解消　141
ゲーム理論　41, 104
兼任重役　24, 25, 28, 136
航空業界のパラドックス　121
航空自由化　121, 124, 127
構造的埋め込み　100
構造的空隙（structural holes）　43
構造的不確実性（structural uncertainty）　59, 60
合弁　28, 49, 50, 85
合理的選択モデル　16
コードシェア　122, 130
コミットメント　49
ゴミ箱モデル　69, 70, 71, 75, 77, 89, 92
根元的な不確実性（prime uncertainty　57
コンティンジェンシーセオリー　5, 8, 13, 18, 28, 30, 71, 75, 77, 79, 89, 90, 92, 93, 97
コンテクスト　18, 20
コンフリクト　22, 37, 80, 112

【さ】
サプライヤーネットワーク　112
産業集中度　38
シームレスネットワーク　127
事業部制組織　5, 55, 65
事業部の外部化（divestment：スピンアウト）　53
時系列的な分析　93
資源依存パースペクティブ　7, 10, 12, 17-21, 25-31, 35, 40, 42, 44, 45, 47, 49, 61, 69, 71, 105, 107, 137-139
資源依存モデル　12, 13, 36, 90, 97, 98, 115
資源依存理論　104
資源交換　21
資源の集中度　37
資源の豊富さ　37
資源パースペクティブ　35, 75
自己管理度　103
実現環境（enacted environment）　87, 88
支配されたネットワーク（dominated network）　132
資本的結合　49
社会関係資本　43
社会資本（social capital）　26
社外重役　26
社会的責任　136
社会ネットワーク　44, 98, 102
社会ネットワーク研究　104
自由裁量　20, 22

集団戦略　58, 59, 66
集団戦略の逆機能　66
集中度　46
柔軟性の獲得　60
主体的適応　21
ジョイントベンチャー　14, 22, 28, 31, 49, 51, 85, 87, 88, 93, 129, 136
情報化戦略　73
情報処理　73, 74
情報処理モデル　64, 76, 77, 79, 80, 90, 92
情報パースペクティブ　35, 75
職能部門制組織　5
自律化戦略　22
自律性　39
自律の戦略　39, 136
進化（evolution）アプローチ　109
進化モデル　69, 71, 77, 82, 83, 89
新制度学派（New Institutionalism）　12
新制度学派社会学　49, 52
人的資本（human capital）　26
垂直的相互依存性　57
垂直統合　22, 26, 28, 52, 57
水平的相互依存性　57
ステイクホルダー　8, 10
スピンアウト　54
制御対象としての環境　45
政治戦略　22
政治的対応　25
生態学的変化（ecological change）　86, 87, 93
正当性　12, 13, 23, 52
制度化　13
制度理論　10, 12, 13
ゼロサムゲーム　41
戦略的工作　28, 136
戦略的対応　25
戦略的提携　14
戦略の柔軟性　38
創意くふう提案制度　86
相互依存性　20, 21
相互依存性　21-23, 29, 35-42, 46, 52-55, 59, 66, 69, 75, 81-84, 87-90, 93, 137-139
相互作用戦略（interplay strategy）　78
相互連結　37, 66
ソーシャルキャピタル　43
組織化　93
組織化された無秩序　70
組織間学習　42-44
組織間学習のジレンマ　43
組織間学習論　61, 105
組織間関係の強化　51, 52, 61
組織間関係の強化（形成）　61

168

事項索引

組織間関係の強化－弱化　56
組織間関係のサイクル　84
組織間関係の弱化　52, 61
組織間関係の進化　113, 114
組織間関係の生成　23
組織間関係論の展開　7
組織間構造論　131
組織間調整　25
組織間調整メカニズム　39, 40
組織群　20, 35, 58
組織構造　35
組織行動　35, 44
組織生態学　104
組織デザイン　5, 91
組織と環境　4, 18
組織の環境　18
組織の境界　14, 15
組織プロセス　35

【た】

多角化　22, 28, 100
多義性　69, 71-84, 88-92, 138, 139
多元的パラダイム　115
タスクフォース　5
脱埋め込み（disembeddedness）　101, 103-106, 139
多面的ネットワーク（true multilateral network）　131
知識　43
知識の移転　43
中間形態（Hybrid）　11, 12
紐帯　103
賃金構造　26
追従　22
追従対象としての環境　45
ディカップリング　65
ディカップルドシステム　55, 65
提携　43, 44, 50, 52, 53, 86, 87, 110, 112
同型化　13
同型性　12, 13
統合　20, 78, 92
共約不可能性（Incommensurability）　78
トヨタ　89
豊田英二　86
取引　13
取引関係　22
取引コスト経済　49
取引コスト経済学　10, 11, 51, 61, 66, 90, 97, 98, 115
取引費用経済学　104

【な】

内製化　22
馴れ合い　101
ネットワーキング　43
ネットワーク　20, 29, 43-45, 120, 125, 128, 129, 134-136
ネットワーク研究　49
ネットワーク構造　44, 103
ネットワーク論　104

【は】

買収　53
破壊的技術　27
ハブ・アンド・スポークシステム　124-126, 130, 133
ハブ空港　120, 125
パラメトリック不確実性（Parametric Uncertainty）　59, 60
パワー　12, 21, 23, 24, 27, 41, 45
パワーバランス　29
範囲の経済　119, 120
範囲の経済性　125
非対称依存　40, 41
フォード　89
不確実性　5, 8, 10, 13, 18, 28, 35-40, 42, 47, 48, 51-53, 55, 56, 59-61, 63, 64, 69, 71-84, 87-92, 105, 113, 137-139, 141
不確実性の性質　58
複雑系　115
フランチャイズ　49
プロジェクトチーム　5

【ま】

マトリックス組織　5
マルチパラダイム　71, 77, 78, 89, 90, 92, 138
マルチパラダイム研究　76, 92
マルチパラダイムセオリー　90
マルチパラダイム理論　79, 91
マルチレベルセオリー　115
ミクロ－マクロ問題　45, 140
ミクロ－マクロリンク　45
密度の経済　119, 120
メタ視点　92
メディアリッチネス　73

【や】

役員継承　25
役員の受け入れ　49
役員の受け入れカルテル　51

169

事項索引

【ら】

ライセンス　49
ルースカップリング　14
ルースニング　55, 59, 65
連合　49
連合形態（confederation）　132
連邦制（federation）　132

人名索引

【A】
Aldrich, H. E.　16, 19, 20, 35, 36
Allison. G. T.　74
Ariño, A.　110
Auster, E. R.　45, 108

【B】
Baburoglu, O.　110
Barnard, C. I.　4, 31
Barnes, J. A.　102
Barnett, W. P.　110
Barney, J. B.　27, 36
Beamish, P. W.　31
Bertalanffy, L.　69
Billinger, S.　66, 67
Bott, E.　102
Bower, J. L.　27
Bradach, J.　67
Bresser, R. J.　38, 58, 61, 62, 66
Büchel, B.　110
Burrell, G.　90, 91
Burt, R.　43, 104

【C】
Casciaro, T.　29, 104
Child, J.　31, 43, 61, 110
Chondrakis, G.　66, 67
Chow, Y. K.　54
Christensen, C. M.　27
Coase, R. H.　5, 6, 11
Cobb, J. A.　25

【D】
Dacin, M. T.　99, 101, 105, 110, 111
Daft, R. L.　27, 71, 73, 74, 76-78, 80, 90-92
Das, T. K.　78, 88, 109, 110, 112
Davis, G. F.　15, 25, 26
DiMaggio, P. J.　12, 52
Doganis, R.　120, 121, 129, 130
Donaldson, L.　28
Doz, Y. L.　42, 110
Duhaime, I. M.　8, 47, 48, 53, 54, 57, 58, 91, 93, 141
Dyer, J. H.　53, 62

【E】
Ebers, M　110
Ericsson, K　44

【F】
Faulkner, D　43, 61, 110
Finkelstein, S.　26
Freeman, R. E.　8, 9

【G】
Gainey, T. W.　52
Galaskiewicz, J.　36
Galbraith, J. R.　48, 64, 73, 82, 91
Ganesh, U.　43
Geyskens, I.　65
Grandori, A　110
Granovetter, M.　44, 98, 102
Grant, J. H.　53, 54
Gulati, R.　29, 40, 42, 43, 49, 50, 100, 110

【H】
Hamel, G.　42, 110
Hamilton, R. G.　54
Harl, J. S.　38, 58, 66
Hatch, M. J.　78, 92
Hillman, A. J.　30

【I】
Inkpen, A. C.　61, 110

【J】
J　W　ｊ　\　ｆ　94
Jacobides, M. G.　66, 67
Jacoby, S　145
Jelinek, M.　16

【K】
Kale, P.　53
Keller, M.　93
Key, S.　8, 9
Khanna, T.　43, 110
Kilduff, M.　97, 103

Klaas, B. S.　52, 53
Kleymann, B.　119, 122, 131, 132, 136
Konomi, N.　110
Koza, M. P.　110, 111
Kozawa, K.　110
Kumar, R.　65, 88, 110, 111

【L】
Laing, R. D.　3, 13
Langlois, R. N.　58, 59
Leblebici, H.　19
Lengel, R. H.　71, 77, 80
Lester, R. H.　26
Lewin, A. Y.　110, 111
Lupton, N. C.　31

【M】
Macintosh, N. B.　73, 77
Makhija, M. V.　43
March, J. G.　70, 75, 80
McClendon, J. A.　52
McDaniel, R. R.　80
McEwen, W. J.　4, 39
McGahan, A. M.　52
Min, S.　65
Mindlin, S. E.　19, 20, 35, 36
Mischke, G. A.　110
Mizruchi, M. S.　26
Montgomery, C. A.　54
Morgan, G.　90, 91

【N】
Nathanson, D. A.　82
Nienhüser, W.　28, 31
Nohria, N.　43, 110
Nti, K. O.　110, 111

【O】
Ocasio, W.　110
Olsen, J. P.　70
Orton, J. D.　55, 65

【P】
Park, J.　65
Parkhe, A.　31

171

人名索引

Parmigiani, A.　66
Pennings, J. M.　26
Perrow, C.　73
Pfeffer, J.　10, 12, 13, 17-21, 23, 25-29, 31, 37, 39, 41, 42, 45, 46, 51, 58, 66, 83, 105, 141
Piskorski, M. J.　29, 104
Porter, M. E.　52, 62
Powell, W. W.　12, 15, 52
Provan, K. G.　131

【R】
Rangan, U. S.　49
Ring, P. S.　110
Robertson, P. L.　58, 59
Ryu, S.　65

【S】
Sako, M.　66, 67
Salancik, G. R.　10, 17-20, 23, 25, 28, 30, 31, 37, 39, 41, 42, 46, 51, 58, 66, 83, 105, 141
Sandberg, E. A.　100
Scherer, A. G.　92
Schulz, M　78, 92
Schwenk, C. R.　82
Scott, W. R.　52
Selznick, P.　12
Seristö, H.　119, 122, 131, 132, 136
Sharma, D. D.　44
Shenhav, Y.　47
Short, J.　17
Simon, H. A.　6, 7, 31, 75, 80
Singh, H.　53
Smircich, L.　83
Soda, G.　100, 101
Steams, L. B.　26
Steenkamp, J.　65
Stubbart, C.　83
Sutcliffe, K. M.　56, 57, 58
Sydow, J.　110, 135
Sytch, M.　40, 42

【T】
Tallman, S.　61
Teng, B.　109, 110, 112
Thomas, A. R.　54
Thompson, J. D.　4, 30, 39, 47-49, 65
Torre, J.　110

【U】
Ulrich, D.　27, 36
Usai, A.　100, 101
Uzzi, B.　100, 101

【V】
Vaaler, P.　66, 67
Van de Ven, A. H.　110
Villalonga, B.　52

【W】
Walker, G.　52
Weber, D.　52
Weick, K. E.　55, 65, 71, 72, 75-78, 80, 82, 83, 88, 90-93
Weitz, E.　47
Williamson, O. E.　11, 51, 57
Windeler, A.　110

【Y】
Yoshino, M. Y.　49

【Z】
Zaheer, A.　56, 57, 58

【あ】
赤岡功　8, 18
淺羽茂　143
荒深友良　55
池淵浩介　93
石井真一　46
石井成美　144
牛丸元　49
梅木眞　100, 101
浦西秀司　136
遠田雄志　92
大滝精一　29, 61
大月博司　92, 115

【か】
加登豊　145
金井一頼　16
岸田民樹　3, 5, 28, 49, 55, 65, 71, 74, 75, 77, 83, 89, 92, 97, 115, 136, 144
岸眞理子　73, 77
草野厚　85, 88, 93
桑嶋健一　75, 77
桑田耕太郎　10, 82, 91
後藤時政　144
小橋勉　77
小橋哲　145
小山厳也　8
近能善範　100, 103

【さ】
榊原胖夫　125
桜沢仁　25, 38

佐々木利廣　　25, 43, 66, 110
佐藤一義　　25
塩見英治　　127
宍戸善一　　85, 88, 93
下川浩一　　85, 93
須貝栄　　25
鈴木達夫　　144

【た】

田尾雅夫　　10
高橋伸夫　　77, 75, 143
趙偉　　93
張淑梅　　43
陳韻如　　12, 25
寺澤朝子　　75, 77
豊田英二　　93, 86

【な】

内藤勲　　144
長瀬勝彦　　80
中村英仁　　25
西口敏宏　　109, 110
根本孝　　25

【は】

バーナード　　144
藤本隆宏　　91
二神枝保　　53

【ま】

松行彬子　　110
三浦雅洋　　31
村上英樹　　136
村上裕志　　110, 112

【や】

安田洋史　　50
安田雪　　29, 105
山口隆之　　110
山倉健嗣　　10, 25, 29, 36, 61, 66, 110
山田基成　　93
山中伸彦　　31
吉田猛　　25, 37
吉田孟史　　29, 43, 61, 93, 110, 112, 140
吉成亮　　144
吉村典久　　65

【ら】

李在鎬　　31
李宏舟　　110, 112

【わ】

若林直樹　　44, 100, 101, 104
渡辺深　　10,

企業・団体名索引

【欧字・数字】

3M　92
ANA　134
bmi　123
DELAG社　118
GM　65, 70, 85-89, 93, 94, 105
JAL　134
KLMオランダ航空　119, 123, 132, 135, 136
LOTポーランド航空　123
NUMMI　70, 85-89, 93, 105
TAPポルトガル航空　123
TOTO　66
USエアウェイズ　119, 123

【あ】

アエロフロート・ロシア航空　123
アエロメヒコ航空　123
アシアナ航空　123
アメリカン航空　119, 123
アリタリア-イタリア航空　123
イージージェット　119
イベリア航空　123
ウィングス　132, 135, 136
エア・カナダ　123
エア・ベルリン　119
エアヨーロッパ　123
エアリンガス　123
エールフランス　119, 123, 136
エジプト航空　123
エミレーツ航空　119
オーストリア航空　123

【か】

カンタス航空　119, 123
キャセイパシフィック航空　123
コンチネンタル航空　123, 136

【さ】

サウスウエストエアライン　119
上海航空　123
シンガポール航空　123
スイスインターナショナルエアラインズ　123
スカイチーム　123, 128, 135, 136
スカンジナビア航空　123
スターアライアンス　123, 128, 130, 132, 135
スパンエア　123
全日空　119, 123

【た】

大韓航空　123
タイ国際航空　123
チェコ航空　123
中国国際航空　119, 123
中国東方航空　119
中国南方航空　119, 123
デュポン社　65
デルタ航空　119, 123, 136
トヨタ　70, 85-88, 93, 94, 105
トヨタ自工　86, 93
トヨタ自販　86
トルコ航空　119, 123

【な】

日産自動車　85, 112
日本ガイシ　66
日本航空　123
ニュージーランド航空　123
ノースウエスト航空　123, 132, 135, 136

【は】

ヴァリグ・ブラジル航空　123
フィンランド航空　123
フォード　85-88, 93
ブリティッシュ・エアウェイズ　119, 123
ブリュッセル航空　123
本田技研工業　85

【ま】

マレーヴ・ハンガリー航空　123
南アフリカ航空　123
森村グループ　66

【や】

ユナイテッド航空　119, 123

【ら】

ライアンエアー　119
ラン航空　123
ルノー　112
ルフトハンザドイツ航空　119, 123
ロイヤル・ヨルダン航空　123

【わ】

ワンワールド　123, 128, 132, 135

■著者紹介

小橋　勉（こばし　つとむ）(1973-2016)

1995年　名古屋大学経済学部卒業
2000年　名古屋大学大学院経済学研究科博士後期課程修了　博士（経済学）
2000年　名古屋大学経済学部助手
2003年　愛知工業大学経営情報科学部専任講師
2005年　愛知工業大学経営情報科学部助教授（准教授）
2009年　カリフォルニア大学ロサンゼルス校（UCLA）客員研究員（2010年まで）
2016年　同志社大学大学院ビジネス研究科准教授

主要研究業績

「フロント―バック組織：グローバル企業の新たな組織構造」『日本経営学会誌』第11号，2004年．
「組織間関係論における埋め込みアプローチの検討：その射程と課題」『経営学史学会年報』第15輯，2008年．
「環境の不確実性と組織間関係」『組織科学』第48巻，第3号，2015年．
『現代経営組織論』有斐閣，2005年．（共著）
『組織論から組織学へ』文眞堂，2009年．（共著）
『組織論レビューⅡ』白桃書房，2013年．（共著）

■組織の環境と組織間関係（そしき　かんきょう　そしきかんかんけい）

■発行日──2018年11月15日　初 版 発 行　〈検印省略〉
　　　　　2024年2月6日　第3刷発行
■著　者──小橋　勉（こばし　つとむ）
■発行者──大矢栄一郎
■発行所──株式会社　白桃書房（はくとうしょぼう）
　〒101-0021　東京都千代田区外神田5-1-15
　☎03-3836-4781　FAX 03-3836-9370　振替 00100-4-20192
　http://www.hakutou.co.jp/

■印刷／製本──亜細亜印刷株式会社

Ⓒ KOBASHI, Tsutomu 2018　Printed in Japan
ISBN 978-4-561-26719-5 C3034

本書のコピー，スキャン，デジタル化等の無断複製は著作権法上での例外を除き禁じられています。本書を代行業者等の第三者に依頼してスキャンやデジタル化することは，たとえ個人や家庭内の利用であっても著作権法上認められておりません。

JCOPY〈出版者著作権管理機構　委託出版物〉
本書の無断複写は著作権法上での例外を除き禁じられています。複写される場合は，そのつど事前に，出版者著作権管理機構（電話 03-5244-5088，FAX 03-5244-5089，e-mail:info@jcopy.or.jp）の許諾を得てください。

落丁本・乱丁本はおとりかえいたします。

好 評 書

岸田民樹著
経営組織と環境適応　　　　　　　　　　　　　　　　　本体価格 4700円

E. H. シャイン著，尾川丈一監訳，松本美央訳
企業文化 ［改訂版］　　　　　　　　　　　　　　　　　本体価格 3500円
　―ダイバーシティと文化の仕組み

馬場昌雄・馬場房子・岡村一成監修，小野公一・関口和代編著
産業・組織心理学 ［改訂版］　　　　　　　　　　　　　本体価格 3200円

林 祥平著
一体感のマネジメント　　　　　　　　　　　　　　　　本体価格 3000円
　―人事異動のダイナミズム

西脇暢子編著，浅川和宏・河野英子・清水 剛・服部泰宏・植木 靖・孫 德峰著
日系企業の知識と組織のマネジメント　　　　　　　　　本体価格 3500円
　―境界線のマネジメントからとらえた知識移転メカニズム

組織学会 編
組織論レビュー　　　　　　　　　　　　　　　　　　　本体価格 各3000円
　―Ⅰ 組織とスタッフのダイナミズム
　―Ⅱ 外部環境と経営組織
　―Ⅲ 組織の中の個人と集団
　―Ⅳ マクロ組織と環境のダイナミクス

――――――――― 東京　白桃書房　神田 ―――――――――
本広告の価格は本体価格です。別途消費税が加算されます。